지식과 그 너머

# 지식과 그 너머

지은이 | 이재규
펴낸곳 | 비전과리더십
등록번호 | 제302 - 1999 - 000032호
주소 | 140 - 240 서울시 용산구 서빙고로 65길 38

출판부 | 2078 - 3332    e-mail | tpress@duranno.com
영업부 | 2078 - 3333
초판 발행 | 2015. 2.16

ISBN  979-11-86245-02-6  03320

비전과리더십 은 두란노서원의 일반서 브랜드입니다.

# 지식과 그 너머

이재규 지음

비전과리더십

1부

## 지식의
## 세계에서

들어가는 말

우리는 무엇을 찾아 헤매는가? 우리 인생은 존재 목적을 알지 못하면서도 잘 살 수 있는 것인가?

우리는 먹을 것을 구한다. 지식을 구한다. 사랑을 구한다. 살아남으려고 치열하게 애쓴다. 잘 살아 보려고 열심히 노력한다. 그러나 그 가운데 끊임없이 찾아오는 고난과 좌절. 그 역경 가운데도 가장 소중하게 간직해야 할 것은 무엇인가?

우리를 존재하게 하신 창조주를 만나지 못하고 자신의 존재 이유를 완전히 알 수 있는 방법은 없다. 생활을 위해 필요한 지식과 영원한 생명을 위한 지식이 하나 되지 않으면 우리는 인생의 진정한 모습을 알 수 없다.

과학적 지식은 너무나 중요하고 필요하다. 그러나 과학을 넘어선 믿음의 세계도 종합적으로 알게 될 때 과학의 진정한 가치를 이해할 수 있다.

이 이야기는 '지식과 그 너머'에 있는 인생의 진실을 젊은 이들과 나누기 위하여 사실에 입각하여 기록하였다. 지은이의 시각은 있으나 소설적 가공은 없다. 생존을 위해 필요한 지식과 인생의 진리와 생명을 총체적으로 발견하는 데 작은 동반자가 되기 바란다.

2015년 1월 1일
지은이 이재규

1부

지식의
세계에서

1

나는
누구인가

1분 30초 동안 나의 소개를 해야 한다. 나는 무슨 말을 해야 할까? 나는 누구인가?

이태리의 밀라노에서 개최된 2013년도 정보시스템국제학술대회(International Conference on Information Systems; ICIS)에서는 최초로 역대 석학회원들을 초청하여 자신을 소개하는 시간을 가졌다. 이 자리에 초청된 학자들은 각자 1분 30초간 자기를 소개해야 한다. 정한 시간이 지나면 다음 사람의 사진이 자동으로 올라온다. 나는 무엇이라고 자신을 소개해야 할까?

자신의 소속 학교가 공통적으로 소개되었다. 대부분의 학자들은 자신이 무엇을 연구하였는지, 학회에서 무슨 업적을 세웠는지를 소개하는 데 시간을 사용하였다. 어떤 이는 자기 고향에 대해서 이야기를 하기도 했고, 취미를 이야기하기도 했다. 어떤 이는 시간이 부족하여 급하게 말하기도 하고, 어떤 이는 너무 짧게 말하여 1분 30초조차 채우기 전에 마치기도 하였다. 나는 무엇을 말하는 것이 좋을까? 내 순서는 다가온다.

이런 짧은 자기소개의 기회는 여러 차례 주어진다. 학교에 입학하면 자기소개를 하고, 회사에 입사해서도 자기소개를 한다. 그때에 맞추어 자신을 소개하는 것은 재치가 필요하고 항상 우리를 긴장시킨다. 드디어 내 순서가 다가왔다.

화면에는 내 사진과 한국과학기술원(Korea Advanced Institute of Science and Technology: KAIST) 경영대학 교수인 것이 자동으로 소개되었다. 한국인으로 자기소개를 하는 학자는 나밖에 없다. 나는 너무 급하게 말하지 않고 중요한 사실을 먼저 전달하기로 마음을 먹었다.

"내가 속한 KAIST 경영대학이 위치한 서울은 여러분에게도 중요한 도시입니다. 왜냐하면 한 시간 전에 학술대회장소선정위원회에서 ICIS 2017의 장소로 서울을 선정했기 때문입니다. 여러분을 서울에서 다시 만날 것입니다."

ICIS 2017년 학술 대회를 서울에서 개최하기로 결정한 것을 아직 일반 회원들에게 알리지 않았었기에 청중들은 뜻밖의 소식에 박수를 치며 환호를 했다. 축하한다는 응원의 말도 터져 나왔다. 청중이 조용해진 후 나는 다음 말을 이었다.

"나는 한국 전쟁 중에 태어났습니다. 박사 학위는 펜실베이니아 주 대학교 워튼스쿨(University of Pennsylvania, The Wharton School)에서 수여받았습니다."

분위기가 숙연해졌다. 한국 전쟁 중에 태어났다는 절망의 폐허와 세계 최고의 경영대학으로 인식되는 워튼스쿨의 박사 학위가 어울리지 않게 대비되었기 때문일 것이다.

"그동안 한국은 삼성 갤럭시 노트를 생산하는 나라로 발전했습니다."

다시 한번 박수가 터져 나왔다. 폐허에서 일어선 한국의 모습에 축하를 보내는 것이다.

"나의 연구 분야는······."

시간이 다 되었다. 그래서 "감사합니다."라고 말하고 한국식으로 머리 숙여 인사하고 내려왔다. 한국을 소개한 것이 나의 소개를 대신하였다. 나를 좀 더 길게 소개했다면 무슨 말을 더 했을까? 연구 분야와 경력을 더 설명했을 것이다.

학생들은 입학 면접시험을 치른다. 자기 이름을 소개하고 무엇을 전공했었다거나 무슨 직장에서 근무했었다고 설명한다. 그러면 교수님들은 "왜 KAIST 경영대학에서 공부하려고 합니까?"라고 묻는다. 그리고 "졸업 후에 무엇을 하고자 합니까?"도 묻는다. 학생들은 "KAIST에서 가장 잘 배울 수 있다고 생각해서 입학하고자 합니다."라고 답하면 정답이다. 그런데 이 학생들이 정말 자신이 가야 할 길을 알고 있을까? 나의 과거를 돌이켜 보면 그렇지 못했다. 나뿐만 아니라 다른 졸업생들도 그렇다. 그들이 나에게 오히려 "어떻게 살아가야 합니까?"라고 묻는다면 무엇이라고 대답해 주어야 할까?

지난 일요일 밤에는 세상을 먼저 떠난 친구 문상을 다녀왔다. 그 문상에는 상주가 누구인지 자손을 소개하는 것으로 망자의 소개가 되어 있었다. 비석에는 성도라는 호칭이 하나

붙어 있었다. 직장도 졸업한 학교도 소개하지 않았다. 사람이 살아서 소개할 점과 죽어서 소개할 점이 다른가 보다.

2014년 3월 모잠비크에 태양광 시설을 설치하여 병원에 전기를 공급하고 맑은 물을 먹게 해 주기 위한 원조 사업 계획을 세우기 위해 수도 마푸투(Maputo)에 도착했다. 그들은 내가 어느 나라 사람이며 왜 입국이 허가되어야 하는지를 물었다. 입국 허가를 위해서는 내가 졸업한 학교도 묻지 않고 나의 상주가 될 자녀의 이름도 묻지 않았다. 단지 내가 입국 허가를 받아야 할 이유를 물었다. 내 인생을 마감하고 나면 내게 생명을 주신 창조주가 무엇을 물어보실까? 그리고 천국에 들어가려면 허가 조건으로 무엇을 물어보실까?

나는 누구인가? 어디서 왔다가 어디로 가는가? 내가 좋아하는 가수 최희준 씨가 부른 '하숙생'의 노랫말과 같다. 인생은 나그네 길이요 구름처럼 강물처럼 정처없이 흘러서 간다고 한다. 나는 '하숙생'이라는 노래를 좋아한다. 가사도 깊이가 있는 것 같고 음정도 내 목소리에 맞아서 젊어서부터 즐겨 불러 왔다. "오늘 최희준 씨가 바빠서 제가 대신 왔습니다."라고 익살을 떨고 '하숙생'을 부르면 친구들이 잘한다고 박수를 쳤다. 1960년대에 심금을 울렸던 라디오 방송극 '하숙생'은 이루지 못한 애절한 사랑의 이야기를 주제가로 이 노래를 불렀다. 사랑은 너무나 슬픈 것이고 인생은 허무한 것임을 깨닫게 해 준다.

　그런데 이 노래를 부르면 아련한 향수에 빠져들면서 헛된 욕망을 내려 놓고 싶어진다. 그러나 한편, 허무한 마음이 들고 우울해진다. 어떤 날은 죽고 싶도록 슬퍼지고, 그 슬픔이 인생의 본질인 것 같은 생각이 든다. 인생이 나그네 길이요, 벌거숭이라니 말이다. 욕심을 줄여 주기도 하지만 의욕도 잃게 한다. 그래서 언젠가부터 나 혼자 노래를 부를 때면 노랫말을 고쳐서 부른다.


　인생은 약속의 길
　생명 받아 왔다가 천국으로 가누나
　구름이 바람 타듯 약속의 길 가는 길에
　영원생명 소망하자 사랑일랑 놓가 주자
　인생은 약속의 길
　바람에 구름 가듯 약속의 길 두둥실 간다.

　인생은 사랑의 길
　사랑 받아 왔다가 사랑 주고 가누나
　강물에 배 띄워 두둥실 가는 길에
　영원생명 소망하자 사랑일랑 놓가 주자

인생은 사랑의 길

강물에 배 띄워 사랑의 강 두둥실 간다.


'농가 준다'라는 말은 '나누어 준다'는 말의 사투리다. 이 노래를 부르면 의욕이 솟고 두려움이 사라지고 다른 사람을 사랑하고 싶은 마음이 생긴다. 어느 노랫말이 인생을 더 정확히 표현한 것일까? 자기 기분대로 부르면 되는 자유가 주어진 것인가? 나의 제자들에게 어느 노랫말 인생을 살라고 말해야 할까?

2

사랑하는
제자들아

KAIST(한국과학기술원) 교수가 된 지 스물 여섯 해 된 2011년 4월 7일. 올 들어 학생 세 명이 스스로 목숨을 끊어 우울한 KAIST 교정에 네 번째 학생이 자살했다는 비보가 전해졌다. 이런 아득한 일은 KAIST 설립 이래 처음 경험하는 일이다. 이 소식에 교수와 학생들은 어찌할 바를 알지 못하였다. 학생들에게 감당할 수 없는 학업의 부담을 준 때문일까? 과학도이기 이전에 인간으로서 삶을 지탱할 수 있는 정신적인 기본을 다져 주지 못해서였을까?

교정 밖에서도 유명 연예인이 잇달아 자살하여 온 사회가 우울하다. 왜 이런 일이 일어나는 것인가? 잘 살아 보겠다고 혼신의 힘을 다해 달려온 지난 60년. 경제 성장이 되면 행복할 것이라고 믿었던 우리나라. 세계에서 자살 1위 국가가 되었으니 우리는 과연 어디로 가고 있는 것인가? 과학 기술이 필요하다. 그러나 과학 기술이 우리의 행복과 생명까지 주지는 못한다는 것을 인정하지 않을 수 없다.

사람은 오래 살고 싶을 뿐만 아니라 영원히 살고 싶어 한다. 영원한 생명을 얻기 위해 피라미드를 만들 만큼 엄청난 투자를 마다하지 않는 것이 사람의 본성이다. 그러나 좌절하면 스스로 목숨을 끊는다. 영원한 생명과 죽음 사이에서 우리가 추구하고 있는 번영과 행복 저 너머 우리가 찾아야 할 소망과 진리는 무엇인가?

학생들의 잇단 자살에 거친 물살에 실린 조각배처럼 떠 내려가는 심정이다. 무엇을 할 수 있는 것이 없다. 노를 어디로 저어야 할까? 자신이 아무것도 할 수 없기에 간절히 기도할 수밖에 없다. 거친 물살 소리에 들리지도 않을 중얼거리는 기도이다. 떠나간 학우들을 애도하는 글을 남아 있는 학생들과 나누고 싶다.


먼저 간 학우들에게

미안하다
외로이 스스로의 목숨을 던지는 너에게
너의 고통을 알지도 못하고
손을 내밀지 못한
내가 미안하다

네가 좌절하여 주저앉았을 때
찾아가 안아 주지 못해서 미안하다
그래서 내가 죄인이다

네가 울게 하려고 공부시킨 것이 아닌데

네 열등감을 깨우치려 가르친 것이 아닌데
네가 주저앉으라고 달리게 한 것이 아닌데

서로 보살핌 없이는 살아갈 수 없는
인생이란 경기를 알려 주지 못했구나
나만 앞서 나가서
결코 행복할 수 없음을 가르치지 못했구나

과학자이기 이전에 사람인 것을
유능하기 전에 사랑받아야 할 연약한 존재인 것을
KAIST가 사람냄새 나는 캠퍼스이어야 하는 것을

그러나 발헤엄을 멈추면 가라앉는 인생의 중력이
우리 눈앞에 있음도 잊을 수는 없구나
미래를 지킬 힘이 오늘의 훈련에서 나옴도
게을리할 수 없구나
이 나라를 지킬 힘이
우리의 연구에서 나와야 함도 망각할 수 없구나

미안하다
그러나 너희들의 죽음을 헛되이 하지 않겠다

오늘의 슬픔을 딛고

언젠가 KAIST가 이 나라를 살렸다고 하겠다

KAIST 졸업생들이

후손들의 삶의 터전을 마련하였다고 하겠다


너희들의 죽음만큼 아프게

우리의 가슴에 이 숙제가 남아 있다


너희같이 아픈 제자들이 찾아오도록

내 방문을 열어 놓는다


이날 이후 내 연구실 문 앞에 '항상 열려 있어요'란 메모를 붙였다. 마지막 순간에 아무에게도 찾아갈 수 없다면 내게 찾아오라고 했기 때문이다. 단순히 감상적인 표현으로 끝내지 말고 나의 약속을 지켜야 하리라. 내가 이 약속을 지키지 못한다면 학생들은 또 한번 실망하게 될 것이다. 이 약속은 나에게 무거운 짐이다. 그러나 이보다 더 귀한 일이 있겠는가?

사흘 지난 4월 10일, KAIST의 교수마저 자살했다는 상상할 수 없는 보도가 전해졌다. 그는 전년도에 KAIST 교수의 업적을 대표하는 '올해의 KAIST인상'과 '한국고분자학술상'을 받은 탁월한 교수이었기에 더욱 충격이 컸다. 학술적 업적이 행복은커녕 생명을 유지할 힘도 되지 못했던 것이다. 내 가슴에 확인 사살 당하는 총탄이 박힌 심정이었다. 4월 12일은 온 캠퍼스에 교수와 학생의 대화와 애도의 날로 선포되었다. 이런 날이 선포된 것은 처음 있는 일이다. 학생들과 대화를 해야 한다. 무슨 말을 해야 할 것인가? 자살하고 싶으냐고 물어볼 수는 없지 않나. 어떻게 하면 자살하지 않겠느냐고 물어볼 수도 없지 않나.

학업 성적 때문에 자살할 위험에 대해서는 어떻게 하면 공부를 잘할 수 있다고 가르쳐 주면 될까? 진정한 성공을 위해 공부보다 더 중요한 것이 있다는 것을 가르치면 될까? 참고 연구하여 위대한 과학자가 되면 행복해질 것이라고 말할 수 있는가? 무엇을 하면서 살아야 한다고 꿈을 줄 것인가? 교수는 과연 그 해답을 가지고 있는 것인가? 우리 사회는 그 답을 가진 현인이 있는가? 그런데 이 해답은 전공 지식만으로는 얻을 수 없을 것 같기에 '지식과 그 너머'의 진리를 탐구해야 할 것 같다. 진리를 알지 못하면서 자살 방지 대책이란 행정과 상담 기법으로 해결할 수 있는 문제란 말인가? 의사들은 우울증 증세를 보였다고 사후적으로 해설만 할 뿐이다. 솟구친 눈물을 억누르고 학생들에게 무슨 말을 해야 한다. 사랑한다고 말해야겠다. 평소에 날카로운 논문 지도를 하는 나의 분위기에 어울리지 않지만 사랑한다고 말해야겠다.


사랑하는 제자들아

죽을 각오로 공부하되
스스로 죽는 나약함은 이겨다오

사랑하는 사람은
사랑하는 사람 잃는 것이 가장 두렵다
그 사랑 때문에
죽고 싶던 마음조차
살아야 할 이유가 되지 않겠니

세상이 모두
너를 사랑하지는 않을지라도
너를 사랑하는 단 한 사람
그 얼굴이 있어
네 입가에 미소 짓기를

네 멍에도 힘들겠지만
네가
네 친구의 미소가 되어 줄 수 없겠니
그를 살리는 것이
네 존재 이유일 수 없겠니

참교육은
정제된 지식을 배우는 것만큼
네 뜻과 상관없이 다가온
삶의 무게를 견디는 것도 포함한단다

수업에서 머리로 배워라
그리고
삶에서는 가슴으로 배워라
오늘 하루가 네 배움터이다

네 주변에
너를 사랑하는 분들이 있다
그러나
혹 아무도 없거든
내게 오너라

나를 본 적이 없어도
네가 내 제자이기에
운명적으로
너를 이미 사랑한다

사랑한다
내 아들 딸들아


이 마음을 이메일을 통해서 학생들에게 전하였다. 몇 교수에게서 자기 심정을 대신 표현해 주어서 고맙다는 회신을 받았다. 그런데 뜻하지 않은 것은 고려대학교의 친구 교수가 비통한 시를 잘 읽었다면서 KAIST가 어려움을 잘 극복하기 바란다는 위로의 문자를 보내왔다. 그가 어떻게 알았을까? 뜻밖의 일이다. 신문을 보고 알았단다. 나는 시를 발표한 것도 아니고 신문에 기고한 것도 아니었다. 단지 편지를 읽기 좋게 시 모양으로 배열했을 뿐이다. 그런데 왜 일간지가 이 글을 보도했을까? 이 우울한 사건은 더 이상 KAIST만의 문제가 아니고, 온 국민과 젊은 이들의 관심사이었기 때문일 것이다. 자살은 우리 사회의 문제가 되었고, 전염병처럼 번져나가는 어두운 그림자로 우리 사회를 짓누르기 때문이다.

학생들에게 전한 이 격려의 글이 TV에도 보도되었고, 블로그와 트윗에 전파되었다. KAIST 학생만의 반향이 아니었다. 모든 젊은이들에게 똑같은 위로가 필요했던 것이다. 스승의 사랑에 굶주린 젊은 이들이 사랑의 편지를 기다리고 있었던 것이다.

제자들과 진리에 대해 못다 한 이야기를 나누고자 마주 앉고 싶다. 직업을 얻으려면 유망한 전공을 공부하라고 이야기하고 싶다. 살아가는 지혜를 얻으려면 성현들이 기록한 책을 읽으라고 말하고 싶다. 그리고 영원한 생명을 얻으려면 성경책을 읽고 창조주를 만나라고 말하고 싶다. 짧다고 무시하기엔 너무 긴 인생. 여름 옷만 입고 겨울까지 날 수 있는 것은 아니라고 말해 주어야겠다. 그러나 영원에 비하면 너무 짧아 지나치게 애착하지 말아야 할 인생. 그 인생을 어떻게 살아야 할 것인가를 이야기 나누고 싶다.

땅에 앉아 하늘을 바라보며 이야기하자. 살아 보지 않으면 알 수 없는 인생. 육십 년 인생길을 먼저 다녀와 젊은 제자들과 둘러앉아 이야기를 나눈다. 행복 방정식을 어떻게 풀 것인지, 생명 방정식을 어떻게 풀 것인지를. 한 번밖에 올라갈 수 없는 등산로에 몇 개의 리본이라도 달아 줄 수 있기 바라며.

3

———

공부 잘하기와
성공하기

교수가 된 내가 어린 시절에 공부를 잘 못했다고 하면 제일 좋아하는 사람은 내 딸이다.

"아빠도 공부 못했어?"

자신감이 넘치는 목소리다. 제자들도 잘 믿기지 않는 듯 생각하면서도, 내심 자신의 미래에 대해 더 큰 희망을 갖게 되는 것 같다. 그래서 나는 내가 어린 시절 공부를 잘 못한 것을 자랑하고 싶다. 절망을 딛고 조금씩 빚어져 간 나의 모습이 어떻게 형성되었는지를 알려 주면, 제자들이 나보다 더 훌륭한 사람으로 빚어질 수 있을 것이라는 희망을 갖는다.

인생의 어린 시절은 '공부 잘하기'라는 동일한 경주를 하는 때이다. 마치 모든 어린이들이 운동회에서 100미터 달리기 경주를 해야 하는 것과 같다. 초등학교에서 고등학교까지의 기간은 평생을 살아가는 데 필요한 기초 지식을 다지는 기간이다. 개인의 특기를 살리는 것도 중요하지만 공통의 기초 교육을 동일하게 받는 과정이다. 기초 교육은 자신의 특징을 발견하는 첫걸음이므로 선호도에 상관없이 폭넓게 학습을 하는 것이 유익하다. 나는 화가도 아니고 성악가도 아니지만 학창 시절에 배운 기초 교육 덕분에 그나마 하모니카라도 분다. 그러므로 어린 시절에 너무 기능적으로 집중 교육만 시키고 다양한 학습을 하지 못하면 훗날 사회적 지도자가 될 때 약점이 될 수 있다.

고등학교에서는 문과와 이과로 구분되거나, 과학고나 외국어고, 예술고 등 특수 분야에 대해 구별되기는 하지만, 건전한 사회생활을 하는 데 필요한 공통적 지식을 학습하는 것은 바람직하다. 월반하는 성급함보다 균형 있는 학습과 사회성을 갖추는 것이 전 생애를 통한 장기적 관점에서 더 유익한 경우가 많다.

이에 비해 대학과 대학원 과정에서는 분야가 더 세분화된다. 직업의 세계에서는 더욱 세분화된다. 그러므로 어린 시절이 '공부 잘하기'란 동일한 경기를 하는 때라면, 대학부터의 경주는 '보물찾기 경기'로서 빨리 달리기만큼 '어디로 달리느냐'가 더 중요한 경기이다.

'공부 잘하기' 경주에서 즐거움을 빼앗아 가는 것은 평가 시험과 석차 성적표가 뒤따른다는 것이다. 학습 능력에 따라 대학이라는 다음 단계에서의 기회가 결정되므로 공부 배움의 즐거움은 사라지고 피 튀는 경쟁이 된다. 학생들을 좌절시키는 가장 큰 요인은 불만족스러운 성적이니, 당연히 어떻게 하면 공부를 잘하고 성적을 잘 받을 수 있을까는 첨예한 관심사일 수밖에 없다. 우리가 중고등학교를 다니던 1960년에는 입학시험을 쳐서 중학교와 고등학교를 입학하였다. 추첨 입학이란 행운은 상상도 하지 않고 살았다.

내가 초등학교 시절에 공부를 가장 잘한 친구는 윤기준

이었다. 대구에 소재한 수창국민학교 동급생인 기준이는 전교 일등을 놓치지 않았고, 1963년 대구의 명문 중학교인 경북중학교에 수석으로 입학하였다. 그는 훗날 대학교수가 되었으니 공부를 잘하고 학자로 성공한 모델이 되었다.

대구국민학교를 수석 졸업한 친구인 박일우는 경북중학교를 2등으로 입학하였다. 일우는 아버지께서 경영하시던 사업이 부도가 난 달을 제외하고는 월말고사에서 줄곧 1등을 놓치지 않았다. 일우는 경북중학교를 졸업한 후 경기고등학교를 우등으로 입학하였다. 그는 훗날 목회자가 되었다.

친한 친구와 탁월한 친구를 모두 언급하는 것이 목적이 아니기에 제자들과 나눌 이야기와 관련된 몇 친구만 회상한다. 이제민은 공부를 탁월하게 잘했을 뿐만 아니라 그림을 아주 잘 그려서 교내외 미술 대회에서 항상 상을 받았고 나는 박수 부대의 일원으로 크게 박수를 쳤다. 나의 그림 솜씨는 신통치 않았다. 최문기는 1학년 당시 반장을 맡았으니 입학 성적이 탁월했음에 틀림없다. 문기는 핸드볼 선수로도 활약했는데 우리 학교가 전국 대회에서 우승하는 기쁨을 안겨주었다. 문기의 멋진 슛에 응원을 했지만 나는 운동을 잘하지도 못했다. 이런 수재들 사이에 평범한 나는 360명 중 240등으로 입학했다. 명문 경북중학교에 입학한 것만도 큰 축하를 받을 일이었지만, 나는 하위권의 비애를 안고 있었다. 기준이와 일우와 같은 친구들은 어떻게 하여 공부를 그렇게 잘했을까? 숨은 비밀이 무엇일까?

우리가 어린 시절 가장 소문난 천재는 김웅용이란 신동이었다. 그는 IQ 210으로 인류 역사상 4위였다고 하니 정말 대단하다. 11세에 미국 항공우주국 NASA의 연구원이 되었다고 하니 우리로서는 상상도 할 수 없는 천재이다. 이런 천재가 열심히 공부하면 당할 재간이 없다. 노벨상을 받아 마땅한 학자로서의 두뇌를 타고난 축복을 받았다. 그러나 그는 비범함의 고독 속에서 오히려 평범한 삶의 가치를 깨닫고 평범하게 살려고 노력한다고 하니 그에게서 배워야 할 교훈이 있다.

경북고등학교에서 일 년 선배로 신화적인 수학의 천재 최성춘 선배가 있었다. 최성춘 선배는 학급 평균이 30점 정도인 어려운 수학 모의고사에서 혼자서 탁월하게 90점을 받은 신기에 가까운 괴력을 보였다. 선생님은 최성춘 선배의 전설 같은 이야기를 전하시면서 우리들이 한심한 녀석들이라고 한탄하셨다. 이분은 훗날 내가 27세의 나이에 계명대학교 전임 강사이던 시절에 다시 만나게 되었다. 명문 Brown 대학교에 박사 과정 유학을 하셨으나 학위를 마치지 못하고 돌아오신 상태였다. 그분의 인생을 결코 실패라고 말할 수 없지만, 수학 천재에 거는 기대에는 못 미치는 상태에 머물러 안타까웠다.

이런 예를 볼 때 천재는 두 가지 유형으로 분류할 수 있겠다. 태어나면서부터 천재성이 일찍 드러난 '타고난 천재'와 살아가면서 천재성이 서서히 개발되는 '만들어져 가는 천재'가 그것이다. 두 가지 천재의 구분은 명확하지 않은 경우가 많지만 우리는 흔히 타고난 천재이기를 바란다. 그러나 사실은 만들어져 가는 천재가 더 안정적이고 큰 결실을 거두는 경우가 더 많다. 그래서 우리같이 평범한 사람도 소망을 가질 수 있다. 그런데 사실은 만들어져 가는 천재도 동일하게 그 숨은 자질은 타고난 것이다. 다만, 자신도 잘 모르고 있을 뿐이다. 대부분의 사람들은 만들어져 가는 천재이므로 자신 속의 보배를 잘 발견하여야 한다.

내가 본 타고난 천재이면서도 열심이 뛰어난 사람 중에 장영주가 있다. 필라델피아에서 박사 과정 공부를 하는 중에 이웃에 음악 전공으로 유학 온 부부가 있었다. 그들에게 장영주란 다섯 살 된 딸이 있었는데 놀다가도 "연습할 시간이야."라고 하면 어김없이 바이올린 연습을 했다. 그 시절 참 기특한 아이라고 생각했는데 그가 훗날 그 유명한 세계적 바이올리니스트 장영주가 될 줄이야. 이목구비가 이상한 곳이 없으면 절세미인이라고 했던가. 음악가인 부모가 하라는 대로 열심히 할 수 있다면 그것이 음악 천재의 자질일 것이다. 그러나 대부분의 사람은 하루도 계획대로 실천하기 어렵다.

열심히 노력하는 성품과 소질도 타고난 기질적 요인이 크다. 같은 형제라도 관심과 열심을 다르게 타고나는 것을 보면 알 수 있다. 나보다 세 살 위인 재용 형은 가축에 대한 애정과 열심을 타고났다. 누가 시키지도 않았건만 세뱃돈을 받으면 어김없이 병아리를 사고 토끼 새끼를 사서 키웠다. 우리 가문에 축산에 관심 있는 사람이 아무도 없는데 형만 유별났다. 나는 축산에 전혀 관심이 없었고 형의 강요로 마지못해 토끼풀을 뜯으러 따라다니곤 했다. 형은 훗날 축산인이 되었고 축산 행정가로 크게 활약하게 되었다.

어느 날 일우의 집에서 하룻밤을 같이 공부하고 자면서 일우가 공부하는 모습을 보았다. 일우는 공부를 열심히 했는데 나는 보지도 못했던 문제집까지 공부를 하였다. 나는 그런 책을 사서 볼 수 있는 경제적 형편이 되지 않았고 그렇게 많이 공부하는 것을 상상도 하지 못했다. 일우가 1등을 유지하는 데는 성실하고 방대한 학습량이 비밀이었다.

이런 관찰에 의하면 두뇌도 열심도 모두 선천성의 영향이 크지만, 후천적으로 열심을 북돋우어 줄 수 있는 방법은 없을까? 다행히 내가 발견한 방법이 있다.

내가 대학생 시절인 1970년대에는 가정 교사가 경제적으로 어려운 학생들의 학자금 마련 수단이었다. 나도 가정교사를 하지 않으면 학업을 유지할 수 없는 어려운 형편이어서 가정 교사 경험을 많이 하였다. 대부분 학부모는 자녀에 대해 '우리 집 아이는 머리는 좋은데 열심히 하지 않는다'는 시각을 가지고 있었다. 정작 어려운 것은 '어떻게 하면 열심히 공부하게 할 수 있는가'이다.

학업에 뒤처진 학생들의 좌절감은 무엇을 공부해야 하는지가 너무 막연해서 구체적 계획조차 세울 수 없는 데에 기인한다. 이들에게는 실천 가능한 목표를 세워 주어 계획대로 열심히 하면 목표를 달성할 수 있다는 희망을 주고 이 목표를 달성하도록 도와주는 것이 필요하다. 달성할 수 있는 희망이 있을 때 열심히 해 볼 의욕이 생기기 때문이다.

나에게는 이런 지도를 해 줄 가정 교사가 없었다. 그러나 우리들의 인생에는 간혹 행운이 찾아오는 법이다. 나는 경북중학교에 입학한 이후 중간 이상으로 성적이 올라가지 않았다. 다른 친구들이 공부를 잘한 이유도 있겠지만, 나는 어떻게 공부해야 하는지 요령도 없었고 자신감도 없었다. 그러던 중학교 3학년 3월, 첫 월말고사에서 기적이 일어났다. 그 당시 무섭기로 소문난 상업 선생님께서 회계학의 기초 부기를 가르치셨다. 복식 부기의 원리와 분개 방법을 가르치셨는데 우리는 모두 잘 이해할 수 없었다. 그런데 3월말고사에 부기에 대한 종합 문제가 출제되었다. 우리는 대부분 정답을 알지 못하였다. 나도 자신 없었지만 답안을 대충 작성했다.

그런데 요행히 내 답이 맞는 이변이 발생했다. 이 덕분에 성적이 껑충 뛰어 상위권이 되었다.

그다음 달에도 이 성적을 유지할 수 있는 특별한 이유가 있는 것은 아니었다. 왜냐하면 단 한 번의 행운이 찾아왔을 뿐이었기 때문이다. 그런데 이 성적을 유지해야 한다는 생각이 나의 자긍심과 열심을 자극하였다. 정확히 이유를 해석할 수 없었지만 나는 4월에도 같은 수준의 성적을 유지하게 되었다. 이 경험에서 나는 '자신에 대한 자긍심이 자신의 위치를 결정한다'는 교훈을 얻었다. 누구에게나 이런 정도의 행운은 찾아온다고 생각한다. 그 찾아온 행운을 지키려는 자긍심, 그것이 진정한 의미의 공부를 잘하게 만드는 추진력이 될 수 있는 것이다.

나는 막내아들로 늦게 태어나서 부모님의 경제력이 부족한 가운데 청소년 시절을 보내야 했다. 젊어 고생은 사서도 하라는 말도 있지만 젊은 시절에는 가난이 아주 부끄럽다고 생각하였다. 고등학교 시절 도서관에서 일을 하면 등록금을 면제받았는데, 학생들이 도서관에 들어가기 전에 가방을 맡아 주는 일을 하였다. 시험 전날이면 학생들이 도서관에 몰려와서 시험공부를 하였다. 그런데 나는 시험공부를 하지 못하고 가방을 받아 주고 있어야 했다. 얼마나 눈물이 솟구쳤는지 집에 와서 엄마 앞에서 엉엉 울었고, 엄마도 따라 울었다.

그러나 나는 그 눈물 속에서 '공부할 기회가 저절로 주어지는 것이 아니다'는 사실을 뼈저리게 깨달았다. 공부가 하기 싫을 때면 이런 기회 상실의 아픔의 기억이 시간의 중요성을 깨닫게 해 줄 수 있을 것이다. 역경이 가르쳐 준 교훈이다.

기준이나 일우처럼 1등이 아니라고 걱정할 필요는 없다. 대부분의 사람들의 머리는 큰 차이가 없기 때문이다. 어린 시절에는 상대적 석차를 구분하기 때문에 차이가 커 보이지만, 현실 문제를 다루는 능력면에서는 두뇌의 차이는 극복 가능한 경우가 대부분이다. 특히 교수나 연구자가 아닌 사업이나 행정의 성공의 요건은 학업의 성공 요건 이외에도 필요한 것이 많다. 사업의 성공 요건은 학습 능력 외에도 체력, 사회성, 리더십, 도덕성, 정직성, 책임감, 소명감, 외국어 능력 등이 추가되기 때문에 학업의 성공 조건이 필요조건이기는 하지만 충분조건이 되지는 않는다. 우리 동급생에서 대법관과 장차관과 대구시장과 삼성그룹의 부회장과 각 분야에서 유능한 인재가 많이 배출되었지만, 그들은 기준이도 아니고 일우도 아니었다.

나는 경영대학의 교수로서 많은 성공한 최고 경영자들을 만나 보았다. 그들에게 필요한 것은 지적 능력뿐만 아니라 종합적인 능력과 삶의 자세였다. 그런데 공부를 잘 못하

면 학생들이 실망하여 자긍심을 상실하고 좌절하거나, 열등
감으로 폭력적이 되어 도덕성과 사회성 마저 상실하게 되는
것은 안타까운 일이다. 이들에게는 오히려 그 반대로 도덕성
과 사회성을 그들의 성공의 동력으로 삼아야 하는데 말이다.

인간의 경쟁심은 선천적인 것이다. 두 아이를 키워 보면
형제는 가장 가까우면서도 둘 사이에서는 항상 경쟁을 한다.
절대적 빈곤보다 상대적 빈곤에 더 영향을 받는 것이 인간이
다. 균등하게 1,000달러 소득이어서 불행한 것보다 20,000달
러 소득의 사회에서 5,000달러 받는 사람이 훨씬 더 고통스
럽다. 그러므로 학업 성적으로 평가받으면 영광스러운 사람
보다 열등감을 갖게 되는 학생이 더 많이 발생할 수밖에 없
다. 이 후자의 학생들이 어떻게 자긍심과 성공의 능력을 갖
게 할 수 있는 것인가?

사람의 지적 능력을 IQ(지능 지수; Intelligence Quotient)
지수로 평가하는 것이 한계가 있어, 최근 EQ(감성 지능 지수;
Emotional Intelligence Quotient), CQ(협업 지능 지수; Collaborative
Intelligence Quotient), AQ(예술 지능 지수; Art Quotient)와 SQ(영
적 지능 지수; Spiritual Quotient)의 중요성도 강조되고 있다. 그
런데 고등학교 시절까지는 IQ 중심으로 평가되기 때문에 성
공 요건의 많은 항목이 충분히 반영되지 못하고 있다. 인터
넷으로 지식이 편만해진 이 시대에는 정서적 도덕적 능력과

창의적 설계 능력과 다른 사람과 협력할 수 있는 능력이 특별히 필요하므로, 고등학교까지의 지적 능력에서 상위권이 되지 않으면 오히려 다른 성공 요인을 더 탁월하게 갖추는 것이 중요하다.

이런 면에서 IQ가 높다고 EQ, CQ, AQ와 SQ에 필요한 교육을 충실히 하지 않고 조기 졸업을 하는 교육은 장기적 관점의 지도자적 영재를 길러 내는 방법이 되지 못한다고 생각한다. 사람은 기능적인 관점에서만 교육시키면 성인이 되고 지도자가 되었을 때 그 부족함이 드러나기 때문이다. 조기 졸업한 사람들은 항상 자신이 대단한 업적을 이룬 것 같이 생각하는 경향이 있지만, 사실 자신이 일찍 졸업한 것은 다른 사람들에 대한 우월감의 눈높이가 생긴 것 외에는 다른 사람에게 기여한 것이 아무것도 없다. 그런데도 자신이 대단한 것으로 착각하면 교만해지기 쉽다. 궁극적으로 사람의 능력은 다른 사람들에게 어떤 기여를 하였는가로 판단되는데도 말이다. 다른 사람에게 기여하는 것이 자신의 진정한 능력의 척도가 된다는 마음가짐은 중요한 인생 경로와 연구 주제를 발굴할 수 있는 지혜의 근본이 된다.

수석이나 우등을 한 학생들은 이 같은 오류에 빠지지 않도록 노력해야 한다. 다른 사람을 위해서뿐만 아니라 자기 자신을 위해서도 겸손한 마음을 가져야 한다. 다른 사람들에게 기여할 때 비로소 자신의 가치가 올라간다는 것을 항상 마음에 되새겨야 한다. 그러므로 수석과 견줄 능력은 있으나 수석의 상을 받지 못하여 아쉬움 속에 열심히 노력하는 사람의 장래성이 더 밝다. 물론 수석이면서도 겸손한 인격을 갖춘다면 정말 귀한 사람으로 성공하게 될 것은 말할 것도 없다. 결국 지적 능력과 인격의 균형이 관건이다. 박사를 받은 사람 중에도 인격적 결함으로 장기적 업적을 세우지 못하는 안타까운 경우가 있다.

조화된 인격의 학생을 교육시키는 현장으로 포항 골짜기에 있는 한동대학교에서의 경험이 생각난다. 어느 날 아내와 같이 한동대학교에 방문하여 학생 식당에서 아침 식사를 같이 했다. 그런데 알지도 못하는 학생들이 우리에게 물잔을 채워 가져다 주면서 밝게 인사를 하였다. 나는 그동안 이런 모습의 학생들을 본 적이 없다. 한동대학교에서만 이런 학생이 있는 것은 아니겠지만 신선한 충격이었다. 영적 교육 결과 얻어진 이런 인격에서 우리나라의 미래의 희망을 발견하는 듯하였다. 그래서인지 한동대학교 학생들은 졸업하기 전에 미리 취업이 된다고 한다. 사회가 진정 원하는 인재이기 때문일 것이다. KAIST는 지적으로 탁월한 학생들을 교육시킨다고 믿고 있지만, 졸업생의 사회성 평가 점수는 기대만큼 높지 않다. 지적 능력과 함께 균형 있는 인격의 인재 양성을 위해서, 물 한 잔 떠 드리는 외형적 행동을 넘어선 마음 자체를 어떻게 교육할 수 있는 것일까?

경쟁에는 두 가지 종류가 있다. 권투와 같은 경기는 상대방을 쓰러뜨려야 이길 수 있지만, 달리기는 다른 사람이 쓰러져야 이기는 것이 아니고 내가 열심히 달리면 이길 수 있는 경기이다. 내가 더 빨리 달리지 못한 것이지 상대방 때문에 빨리 달리지 못한 것은 아니다. 공부는 달리기이지 권투가 아니다. 때로는 권투 경기 같은 상황에 놓이는 경우도 없지 않을 것이다. 그러나 달리기라고 생각하며 꾸준히 달리면 긍정적 사고를 하게 된다. 달리기 중에도 발목 묶고 달리기라고 생각하면 다른 사람을 배려할 수 있게 된다. 그러므로 함께 잘 달리는 데 집중하고 정당한 경쟁의 결과를 받아들이는 가치관을 마음에 품는 것이 중요하다. 경쟁이 없는 사회를 만든다는 것은 본질적으로 불가능하므로 공정한 경쟁을 하고 그 결과를 받아들이는 가치관을 체득하는 것이 사회를 위해서나 개인을 위해서 더 중요하다. 그리고 공부 잘하는 친구를 시기하기보다 장점을 본받는 마음을 가진 사람으로 성장하는 것이 중요하다. 이런 자세로 건강하게 성장한 청년은 훗날 반드시 자기 나름대로 성공할 수 있기 때문이다.

4

나의 데미안을
찾아

우리는 많은 은인의 도움으로 살아간다. 부모님의 은혜, 형제 자매의 사랑, 친구들의 우정. 어린 시절에는 부모님의 사랑으로 살아가지만 청소년 시절에는 친구들의 우정으로 성장한다. 친구를 보면 그 사람의 됨됨이를 알 수 있다고 했다. 그래서 부모님은 좋은 친구들과만 놀고, 나쁜 친구들과 놀지 말라고 가르치신다. 이 말씀은 너무나 옳다. 좋은 친구와 사귀는 것이 중요하다. 그러나 여기에 한 가지 더 가르쳐야 할 것이 있다. 좋은 친구가 되어 주라는 가르침이다. 좋은 친구가 되어 주면 그 친구도 덕을 보게 되겠지만 좋은 친구가 되어 주느라 자신이 가치 있는 사람이 되는 것이다. 예뻐지려면 자기를 치장하는 것보다 다른 사람들에게 예쁜 행동을 해야 한다고 매일 아침 가르치니 정말 예쁜 마음으로 성장하는 아이를 본다.

나에게는 데미안 같은 친구가 있다. 헤르만 헤세의 명작인 "데미안"에는 '싱클레어'라는 아이가 친구 데미안에게서 형님과 같은 모습, 큰 바위 얼굴 같은 모습을 발견한다. 싱클레어는 데미안을 통해서 선악을 배우게 되었다. 마지막에 데미안이 떠나면서 자기가 필요하면 싱클레어 스스로의 내면의 소리에 귀 기울이라고 하였다. 싱클레어는 마침내 자신의 내면에 있는 데미안을 발견하게 된다는 소설이다.

일우는 나의 데미안이었다. 그는 모든 면에서 나와 비교할 수 없는 탁월한 우상이었다. 공부만 잘하는 것이 아니었고, 인물도 잘생겼고, 운동도 잘했고, 노래도 잘했고, 피부도 하얗고, 학생 회장으로 선생님의 사랑을 독차지하고 친구들의 존경을 한 몸에 받았다. 그리고 내가 갖고 싶은 잠바도 두 벌이나 가지고 있었다. 완벽한 사람이었다. 나는 공부도 잘하지 못하였고, 시력이 좋지 않아 안경을 써야 했고, 피부색도 검고, 운동을 잘하지도 못했다. 이런 나의 모습이 싫었다. 다만, '하숙생' 노래는 내가 더 맛나게 불렀다. 일우는 모든 노래를 가곡 식으로 불러서 '하숙생'은 잘 못 불렀다. 나는 일우를 짝사랑했다고 해야 할 것이다. 일우가 나에게서 가치를 발견하고 관심을 가질 만한 것이 아무것도 없다고 생각하였다.

일우와 한 반이 된 것은 중학교 2학년과 3학년 시절이었다. 2학년 때의 일이다. 영문법 선생님은 유도 선수 출신이셨다. 대단한 카리스마와 체력으로 우리들의 뺨을 후려치는 정력으로 우리들을 교육시키셨다. 오늘날에는 폭력 교사라고 치부될지 모르지만 당시에는 사랑의 매로 인식되었다. 이 선생님에게 한 대도 맞지 않은 학생이 두 명 있는데 한 명은 실력으로 답변한 박일우이었고, 한 명은 행운의 이재규였다.

선생님은 과거와 과거 분사가 같은 동사들로 노래를 만들어서 부르게 하셨다. Bring Brought, Build Built, Buy Bought, Catch Caught, Find Found, Get Got, Hear

Heard, Leave Left, ……. 아직까지 이 노래를 기억하는 것을 보면 아프게 교육시킨 선생님의 교육 효과는 오래가는 것이 증명되었다. 이즈음 학교 건물에 불이 났다. 옛날 교실 마루 바닥은 학생들이 왁스 칠을 하여 광택을 냈다. 그래서 불붙은 교실은 활활 타 버렸다. 교실이 없어진 우리는 도서관으로 옮겨서 한 줄에 열 명도 더 되게 길게 앉아서 두 반이 함께 수업을 했다.

어느 날 선생님께서 "오늘 내가 계란을 먹고 힘을 비축해 왔으니 잘들 답변해라."라고 하시면서 과거-과거 분사 노래부터 시키셨다. 그 당시 계란은 생일날이나 소풍날이나 먹는 귀한 음식이었다. 이어서 새로운 질문을 하셨다. 창밖의 나무를 바라보시면서 "나무"라고 질문을 던지셨다. 한 학생이 "Tree"라고 답변하니 뺨따귀를 때리셨다. 틀렸구나. 나무가 Tree가 아니면 무엇이란 말인가? 그 뒷자리 학생들에게 차례로 질문이 옮겨져 줄초상이 나게 맞았다. 그때 한 학생이 "3인칭"이라고 대답했다. 그런데 그 역시 뺨에 불이 났다. 그러자 그 뒷자리 학생은 "2인칭"이라고 대답했다. 2인칭은 You밖에 없지만 3인칭이 아니라니 2인칭을 시도해 보았다. 그도 역시 계란 드신 손에 얻어맞았다. 이제 남은 답은 1인칭밖에 없다. 나무가 I가 될 수 없지만 남은 유일한 대안으로 1인칭이라 답했지만 허사였다. 그다음은 답변을 하지 못하고 줄줄이 뺨만 갖다 대었다. 드디어 일우의 순서가 왔다. 일우의 답변은 "3인칭 단수"였다. 선생님은 드디어 흐뭇하게 웃으시며 3인칭 단수라고 하셨다. 일우가 아니었다면 나에게도 불벼락 순서가 돌아왔을 텐데 덕분에 살았다. 그러나 2학년 시절에는 일우와 나는 개인적인 대화를 할 기회가 없었다.

교육 철학은 사람마다 다를 수 있을 것이다. 어떤 이는 창의성을 강조하여 암기식 교육이 나쁘다고 말한다. 취지는 옳은 말이다. 그러나 기본적 지식의 습득 없이 창의성도 시작될 수 없음을 간과해서는 안 된다. 힘들게 훈련 쌓는 습관 자체가 자신의 일부가 된다. 그런 교육을 시켜 주신 선생님께 깊이 감사드린다. 이렇게 한 단어씩 배운 영어로 언제 유창하게 회화를 할 수 있을까? 언제 영어로 강연을 할 수 있을까? 가능할 것 같지 않다. 콩나물에 매일 물을 주어도 성장이 보이지 않는다. 그러나 1주일 후에 보면 자라 있다. 이렇게 매일 물을 주어 나이 30세 되던 해 박사 과정 학생이 되어 미국인 석사 과정 학생들에게 강의를 하게 될 줄은 꿈에라도 상상할 수 없는 일이었다.

3학년이 되어 일우가 전교 일등이니 3학년 1반 반장이 되었지만 나는 순서대로 배정되다 보니 요행히 1반에 배정되었다. 일우에게 감히 친구로서 접근하기가 쉽지 않았다. 일우에게 접근할 기회가 생긴 것은 일우의 아버지 사업이 부도가 나던 날이었다. 항상 1등만 하던 일우가 이 달만은 2등으로 성적이 떨어졌다. 나는 2등도 한 번 못 해 본 주제에 일우 때문에 마음이 너무 아팠다. 그래서 무언가 위로를 하고 싶었다.

"일우야, 집에 같이 갈래?"

일우가 새로 이사한 집이 대구시 대명동 영선못 주변이었고 나는 더 멀리 영남대학교 근처에 살았다. 영선못은 매립되어 영선시장이 세워졌지만 그냥 영선못이라고 불렀다. 나는 무슨 말을 해야 할지 몰랐다. 그런데 일우는 내 수줍은 관심 표현을 고맙게 받아 주었다. 일우의 집에까지 와서 잠시 기다리라고 하더니 가방을 두고 나왔다. 나를 데려다주겠단다. 그렇게 일우가 우리 집으로 나를 데려다주었다. 너무 고맙고 황송해서 일우의 집까지 다시 데려다주었다. 우리는 그렇게 첫 대화를 하게 되었다.

나는 일우에게 너무 가까운 티를 내지 않으려고 했다. 다른 친구들이 일우에게 접근하는 것을 방해하지 않기 위해서였다. 일우에게는 어떤 경쟁심이나 이기심도 생기지 않는 완전한 우정이 내 마음에 있음을 발견하였다. 다른 친구가 잘되면 축하하면서도 내 모습을 돌아보게 된다. 그러나 일우에게는 그냥 그를 위하는 마음만 들었다. 그날부터 매일 학교에 갈 때면 일우의 집에 들러서 같이 갔다.

나에게는 세 분의 형님과 한 분의 누나가 있었다. 원래

구 남매였지만 오 남매만 살아남았다. 큰형 재열 형은 나보다 열다섯 살 위, 둘째 형 재웅 형은 열두 살 위, 영진 누나는 여섯 살 위, 바로 위 재용 형은 세 살 위로 나는 1951년 한국전쟁 중에 태어났다. 그 당시 어려운 사람들이 많았다. 나는 새로 옷을 사 입을 형편이 안 되어 재용 형이 입던 교복을 물려 입었다. 삼 년을 입은 옷이니 내가 입을 때면 곧 해어졌다. 오래된 잠바를 하나 물려받았는데 지퍼가 망가져 아래쪽을 바느질로 봉해 버려서 지퍼를 열 수가 없었다. 그래서 벗을 때면 치마를 벗듯이 아래로 벗어야 했다.

어느 추운 겨울날 이 잠바를 입고 학교에 갔다. 그런데 교실에서 잠바를 벗을 수가 없었다. 창피해서 위로 벗을 수도 없고 치마처럼 아래로 벗을 수도 없었던 것이다. 그런데 선생님께서 왜 교실에서 잠바를 벗지 않느냐고 나무라셨다. 너무나 당황한 나는 봉해진 지퍼를 찢어서 잠바를 벗었다. 그 이후에는 추운 겨울이라도 고장 난 잠바를 입고 학교에 갈 수 없었다. 추운 졸업식 날 일우의 잔칫날처럼 일우가 모든 좋은 상을 받았다. 나는 아무 상도 받지 못했다. 모두가 받는 앨범조차 돈이 없어 받지 못했다. 마음이 너무나 위축되고 슬펐지만 일우가 상을 많이 받는 것이 마냥 너무 좋았다. 내가 상을 받은 것보다 더 기쁘다는 감정을 친구에게서 갖게 되는 것은 일우에게만 느낄 수 있는 우정 때문이었을 것이다.

박일우는 경기고등학교를 입학하여 서울로 갔고, 윤기준과 이제민과 최문기와 나는 경북고등학교에 진학하였다. 나는 여섯 살 때 큰형을 따라 서울에 한 번 가 본 적밖에 없었다. 방학 때면 일우는 대구 집으로 내려왔다. 꿈에도 그리던 친구를 만나는 것은 환희에 가까운 기쁨이었다. 일우는 나에게 많은 것을 알려 주었다. 동숭동에 있는 서울대학교 문리대학 근처에 하숙을 한다고 했다. 서울대학교가 좋다는 이야기도 일우에게 들었다. 사실은 내 큰형이 서울대학교 공과대학 건축공학과를 졸업했는데, 형이 다닌 서울대학교에는 별 관심이 없었다. 일우는 하버드대학교와 MIT가 좋은 대학이라는 것도 가르쳐 주었다. MIT의 M자는 매사추세츠(Massachusetts)를 뜻한다고 해서 그것이 무슨 뜻인가 의아해했다. 일우가 하는 말은 내게 화살이 꽂히듯이 마음 깊이 박혔다.

위대한 인물이 있다는 말도 했다. 말구유에서 태어났지만 가장 위대한 인물이 예수 그리스도라고 했다. 무슨 말인지 알 수 없었다. 그리고 경기고등학교 학생들이 얼마나 열심히 공부하는지도 전해 주었고, 서머셋 몸(Somerset Maughm)의 자전적 회상록 *The Summing Up* 정도는 다 읽는다고 했다. 그래서 고등학교 3학년 여름 방학 중에는 모기 때문에 더운 방문을 닫고 *The Summing Up*에 나오는 어려운 단어를 찾느라 비지땀을 흘렸다. 무슨 뜻인지 이해가 가지 않았지만 무조건 읽어야 할 것 같았다. 일우가 하는 말이 진실하였기에 무엇이든 말해 주면 반발심도 자존심도 없이 숙명처럼 그냥 받아들였다.

내가 항상 일우를 따라다니니까 일우의 가족들은 나의 가족인 것같이 친근하였다. 일우의 어머니는 인자하시고 사랑이 많으신 분으로 김치도 참 맛있게 담그셨다. 그렇게 고등학교 3년의 세월이 흘러 대학 입학시험을 치르기 위해 기차를 타고 서울로 갔다. 일우는 경기고등학교 교복을 입고 서울역에 마중을 나왔다. 경기고등학교는 우리나라에서 처음 설립한 학교여서 모자에 흰 줄이 하나 있었고 경북고등학교는 세 번째 설립되었다고 세 줄이 있었다. 일우는 서울대학교 상과대학(지금의 경영대학)을 지원하였고 나는 김성환 담임 선생님께서 정해 주신 대로 공과대학의 신설 학과인 생산기계공학과를 지원하였다. 신설 학과가 유망하다고 하셨는데 그것이 무슨 뜻인지 전혀 알지 못하였다.

입학시험이 두 주일 정도 남은 겨울날, 학교 교정에 공부를 하러 갔다. 추운 겨울 학교 운동장에는 아무도 없었다. 그동안 운동이 부족해서 평행봉을 해야겠다는 생각으로 평행봉에 올랐다. 이 당시만 해도 평행봉은 할 수 있을 만큼 날씬하였다. 그런데 몇 번을 반복하다가 팔 힘이 부족하여 아래로 쑥 떨어져 버렸다. 머리가 다리가 하늘로 향한 채로 턱이 땅에 먼저 닫도록 지구와 대충돌을 하였다. "쿵", 그리고 잠잠하였다. 한참 후에 정신을 차려 보니 턱의 살이 파이고 피가 흘렀다. 비틀거리며 병원을 다녀와서 집에서 회복을 하려고 하여도 손가락 하나 움직일 힘도 생기지 않았다. 그렇게도 준비했던 입학시험을 눈앞에 두고 절망적인 상태가 되었다. 마음속에 눈물이 흘렀지만, 턱 밑에 반창고를 크게 붙이고 포기한 아픔을 안고 창밖을 물끄러미 내다보았다.

그런데 어머니께서 삼계탕을 정성스럽게 끓이셔서 먹고 힘을 내라고 하셨다. 그 당시 삼계탕은 정말 귀한 음식이었고 우리 형편에는 더욱 그랬다. 그런데 이 삼계탕이 기적을 일으켰다. 한 그릇 먹고 나니 눈이 떠졌고, 두 그릇 먹고 나니 새 힘이 났다. 어머니의 정성이 나를 다시 일으키신 것이다. 엄마, 고마워요.

당시 서울대학교는 입학시험을 이틀 동안 공릉동에 있는 공과대학 건물에서 치렀다. 재열 형이 하숙집을 구해 주셔서 이틀간 독방에서 마지막 준비를 할 수 있게 해 주셨다. 그동안 공부하던 모든 책을 싸 들고 하숙방에 들어갔다. 대부분의 친구들은 지금 와서 공부하는 것이 무슨 소용이 있겠는가 하고 빈손으로 오기도 했는데, 평행봉에서 떨어진 나로서는 마지막 순간에 기억을 되살리는 것이 절실하여서 책을 많이 들고 왔다.

입학시험의 두 번째 과목은 수학 시험이었다. 점심 식사 후에 치르는 90분 시험인데 하숙집에서 차려 준 맛있는 점심을 배불리 먹었다. 그래서인지 시험 중에 졸음이 왔다. 아무리 정신을 차리려고 해도 정신이 혼미하였다. 맑은 정신에 시험을 치러도 부족한 실력에 시험 중에 졸다니 말도 되지 않는다. 또 다시 그 바쁜 시험 중에 창밖을 내다보며 재수를 해야겠다는 생각을 하고 있었다. 옆자리의 수험생들은 열심히 시험을 치르고 있었다. 시간이 50분 정도 지나서 정신이 돌아왔다. 조급한 마음은 이루 말할 수가 없다. 그런데 문제를 풀어 보니 인수 분해가 되지 않았다. 근의 공식에 대입하여 풀 수밖에 없었는데 무언가 실수를 했기 때문에 근의 공식에 대입할 수밖에 없는 것 아닌가 생각이 들고 불안감에 자신이 없었다. 중학교 3학년 부기 시험을 치른 심정이었다. 과연 이 답이 맞을까?

나는 입학시험을 형편없이 치르고 대구로 내려와 아버지 어머니께 재수를 하겠다고 말씀드리고 내 방으로 들어가서 책상에 앉았다. 부모님은 측은한 마음에 아무 말씀도 하지 못하셨다. 눈물이 하염없이 흘렀지만 그냥 책상에 앉아 있었다. 공부가 눈에 들어올 리가 없었다. 평행봉에서 떨어진 데다 시험 중에 졸기까지 했으니 불합격이 확실하다고 생각했다. 합격자 발표까지의 나날은 고통스러웠지만 미리 포기했기에 오히려 평화로웠다. 합격자 발표 하루 전날 미리 결과를 알게 된 친구들이 신나게 다방에서 모였다는 소문이 들렸다. 이제 성인이 되어 다방에도 갈 수 있게 된 것이다. 나는 재열이 형님께서 합격자 발표를 보러 가시겠다는 말씀을 들었지만 괜한 수고를 끼쳐서 미안하다는 생각만 들었다. 드디어 형님에게서 연락이 왔다. 그런데 합격했단다. 나는 그 말을 믿을 수가 없었다. 내가 합격이 되다니. 모범 답안이 공개되었는데 내가 근의 공식에 대입한 그 답이 정답이었다. 중학교 3학년의 행운이 다시 찾아온 것인가? 믿을 수 없었지만 장학생으로 합격되었단다. 나를 절망에 떨어뜨리고 구해 주는 손길은 우연의 손길인가? 누구의 손길인가? 나는 내 인생을 해석할 능력이 없었다.

내가 합격한 것이 믿어지지 않았던 만큼 상상할 수 없는 일이 일어났다. 일우가 불합격한 것이다. 나는 이 결과를 듣고 너무나 분개하였다. 서울대학교 입학 제도가 잘못되어도 한참 잘못되었다고 진심으로 분개하였다. 일우가 합격하고 내가 떨어져야 한다고 굳게 믿었기 때문이다. 일우는 재수를 하게 되어 양영학원으로 입학하게 되었다. 과연 일우답게 양영학원에서 수석을 하였고 다음 해 서울대학교 법과대학에 입학하였다. 나는 가정 교사를 하여 조금이라도 여유가 생기면 재수하는 일우에게 작은 선물이라도 주고 싶은 마음뿐이었다. 단 한 명의 친구에게라도 이런 우정을 내 마음속에 간직할 수 있다는 것이 나의 보석이란 것을 나중에 깨달았다.

나에게 목표와 방향의 나침반이 된 친구가 일우였다면, 나에게 호연지기를 가르친 친구는 구인회라는 클럽의 친구들과 선후배였다. 구인회는 별 목표가 없이 먹고 마시고 낄낄거리는 친목 모임인데, 그 구성원들이 대단한 친구들이었다. 그러나 함께 모이면 개구쟁이같이 놀았다. 이 친구들 덕분에 대구를 떠나 속리산을 처음 여행하였고, 자연 속에서 텐트 치고 잠자는 기쁨을 깨닫게 되었다. 큰 소리로 노래도 불렀다. '하숙생'은 너무 우울하므로 신나는 노래를 스타카토로 합창하였다. '저 푸른 초원 위에, 따단따 따다단따. 그림 같은 집을 짓고, 따단따 따다단따.' 이들 가운데서 훗날 훌륭한 인재가 그렇게 많이 나오게 될 줄이야 어이 알았으랴. 우정 외의 다른 목적이 없는 모임은 평생 지속되는 관계가 되었다.

소년 시절에 자신의 데미안 같은 친구를 만날 수 있다면 크나큰 행운이다. 그러나 제자들에게 '일우 같은 데미안을 만날 수 있는 행운을 빈다'고만 말할 수는 없다. '나의 데미안이 나타나지 않는다'고 되묻는 말에 답변을 해야 하기 때문이다. 그래서 오히려 '데미안을 찾을 줄 아는 사람이 되고, 데미안의 말을 받아들이는 사람이 되라'고 가르치고 싶다. 데미안은 한 사람에게서만 발견되는 것이 아니다. 데미안은 "너 자신을 알라"고 가르친 소크라테스와 같은 스승이다. 새로운 목표를 줌으로써 자신의 부족함을 깨닫게 하기 때문이다.

요즘 교육은 족집게 과외처럼 머리에 쏙쏙 들어가게 가르치라고 강조한다. 이런 교육이 입시를 위해서 필요할 때도 있겠다. 그러나 지나치게 완전한 이해를 강조하다 보면 이해할 수 없는 높은 목표를 바라보는 안목이 위축된다. 힘든 시험은 자신이 무엇을 모른다는 한계를 깨닫게 하는 효과가 있었다. 요즘은 시험 문제가 너무 쉬우니 자신의 무지를 깨닫지 못한다. 이런 깨달음의 기회를 상실한 세대에는 경쟁은 치열하지만 지적 능력은 오히려 저하되는 결과를 가져 오게 된다. 이 관점에서 볼 때 하향 평준화는 심각한 문제가 있는 교육 제도이다.

교육 방법이 정치적 선택에 의해 결정되는 것은 교육의 위기이다. 우리나라에는 의무 교육보다 오히려 교육의 기회를 보장하는 헌법이 필요한 시대가 되었다. 하향 평준화를 할 것이 아니고 교육 수요를 채우기 위한 공급을 활성화하는 방안을 수립해야 한다. 이렇게 해야 전체적인 교육의 효과가 올라가고, 국내에서의 석차 경쟁을 넘어선 국제적 역량이 상대적으로 높은 인재를 육성할 수 있는 기반이 형성될 것이다. 과열 과외는 사회적 위화감을 야기시키고 있어 문제가 단순하지는 않다. 그러나 교육의 기회를 봉쇄하는 것이 답이 되지는 않는다. 오히려 공급의 활성화 속에서 경제적 이유로 교육의 기회를 갖지 못하는 학생이 있다면, 그들에게는 장학금을 제공하여 가난의 대물림을 막아 주는 방향으로 나아가야 할 것이다.

이렇게 나의 대학 시절은 1969년에 공릉동에 있는 서울공대 옛 캠퍼스(지금의 서울과학기술대학교 위치)에서 시작되었다. 우리의 앞에는 어떤 길이 열려 있는 것인가? 나는 나의 장래에 대해서 한 번도 생각해 본 적 없이 입학시험에만 매진하고 살아왔다. 마치 대학에만 합격하면 인생의 모든 문제는 해결될 것같이 기대하였다. 나는 결국 어떤 사람이 될까? 또 나의 데미안은 어떻게 될까?

5

---

보물
찾기

대학생이 된 나의 주 관심사는 학점을 따서 졸업하는 것이었다. 오늘날 대부분의 대학생들도 비슷할 것이다. 나에게 추가적으로 주어진 과제는 학자금을 스스로 마련하는 것이었다. 아버지 나이 43세에 태어난 나는 아버지가 정년퇴직하신 중학교 시절부터 경제적으로 매우 어려웠다. 공직자이셨던 아버지는 퇴직금으로 생약조합 사업을 하시다 사기를 당하셔서 노후를 위한 생활비조차 완전히 날려 버렸다. 그래서 아버지는 나에게 상업고등학교로 진학하라고 하셨다. 대학을 보낼 형편이 안 되었기 때문이다. 어머니는 절대 안 된다고 하셨다. 가족회의 결과 큰형인 재열 형은 열두 살 아래 재용 형(나보다 세 살 위)의 교육을 맡고, 둘째 형인 재응 형은 열두 살 아래 나의 교육을 맡는다고 결론이 났다. 열두 살씩 위인 형들을 우리는 부모처럼 든든하게 믿었지만, 그 형들이 얼마나 부담스러워했을지를 우리는 알지 못하였다.

재응 형의 약속은 입학 후 1학기가 지나자 더 이상 지키기 어려웠다. 그러나 나는 형을 원망할 수 없었다. 형이 감당할 수 없는 것을 어쩌겠는가? 그나마 형이 미래를 약속하여서 그 약속을 믿고 대학에 진학하게 되었으니 그것만이라도 감사해야 할 일이다. 아무튼 1학년 2학기부터 등록금과 모든 생활비를 스스로 벌어서 공부하지 않을 수 없게 되었다. 나의 유일한 수입원은 가정 교사였다. 다행히 가정 교사를 필요로 하는 학생들이 이어져서 무사히 학자금을 마련할 수 있었지만, 중단 없이 모든 생활비와 등록금을 마련하는 일은 끔찍하게 힘든 일이었다. 학점을 따랴, 가정 교사를 하랴 정신이 없어서 내가 왜 공부하는지, 무엇을 공부해야 하는지, 졸업 후에 무엇을 할 것인가를 진지하게 생각할 겨를은 전혀 없었다.

1969년에 서울대학교 공과대학에는 800명이 입학하였는데, 공릉동 캠퍼스 교양과정부 건물에서 경영대학, 법과대학 등 다른 대학생들과 1학년 과정을 함께 공부하였다. 그런데 1학년이 지난 시점, 공대 1학년 중에 100명 이상이 유급을 하게 되었다. 당시 고등학교 졸업 때까지 열심히 공부하고 대학 가면 마음껏 놀 수 있다는 기대에 차 있었다. 여학생들과 미팅도 하고, 술도 마시고, 담배도 피울 수 있었다. 이런 우리들의 해이해진 마음을 완전히 다잡겠다는 학교의 의지의 표현이었다. 대학에서 누리고자 했던 자유와 즐거움의 꿈은 냉엄한 현실 앞에 깨어져 버렸다.

당시 나의 생각은 B 학점이 최적의 학점이라는 생각이었다. A 학점을 추구하며 너무 공부에 빠진 인간미가 없는 사람이 되고 싶지 않다고 친구들과 눈빛으로 합의한 공감대가 있었다. 나는 다행히 유급을 면했지만 친한 친구가 유급을 하게 되어서 큰 충격이었다. 유급은 우리들에게 큰 수치심을 주었지만 다행히 누구도 자살하는 사람은 없었다. 온 사회에 자살이란 것이 문제가 되지 않았다. "거름 밭이라도 이승이 저승보다 낫지."라고 말씀하시던 어머니의 말씀이 생각난다. 어떡하든 잘살아 보려고 악착 같은 마음과 경제 성장에 행복의 희망을 걸고 있었다. 지금은 어렵지만 미래에는 잘살게 되고 행복할 것이라는 소망을 가지고 있었던 것이다. 사람이 절망하는 것은 현재가 어렵기 때문이 아니라 미래에 대한 희망을 잃는 데 기인함을 알 수 있다.

2학년이 되던 해 생산기계공학과를 산업공학과로 변경한다는 대학 방침이 결정되었다. 당시 미국에서 산업공학(Industrial Engineering)이 각광을 받았으므로 이 분야를 수용해야 한다는 취지와 생산기계공학은 기계공학의 일부라고 볼 수 있다는 양면을 감안하여 학과를 변경하게 된 것이다. 우리 동기 30명은 희망에 따라 기계공학과를 선택하거나 산업공학과를 선택하는 기회가 주어졌다. 이 선택은 정말 결정하기 힘든 선택이었다. 훗날 현대자동차의 부회장이 된 이현순은 기계공학과를 선택하였고, 평생 직장 동료가 된 박성주와 최병규는 산업공학과를 선택하였다. 고등학교 시절부터 구인회 친구이던 오형식이도 산업공학과를 선택하였다.

우리 인생에는 전공의 선택, 직장의 선택, 배우자의 선택이라는 중요한 기로가 있다. 그 당시 나는 진로를 선택할 판단력이 없었다. 그러나 선택을 해야 했다. 어느 분야의 미래가 어떻게 될 것인지를 알 수가 없었다. 단지 내가 무엇을 좋아하는가만 어느 정도 알고 있을 뿐이었다. 나에게는 기계공학이 적성에 맞지 않았다. 기계공학 실습으로 용접을 해야 했는데 용접은커녕 구멍을 뚫어 놓았고, 드릴로 구멍을 뚫으면 가운데로 정확히 뚫지 못하였다. 기계 제도로 선을 그은 것도 균일하지 못하였다. 그런데 병규는 반듯하게 기계 공작을 하는 것이 타고난 재능이 있었다.

그리고 역학의 계산은 너무 어렵고 흥미가 없었다. 한쪽 벽에 판을 꽂아 놓고 벽돌 몇 장을 올려놓은 문제로 역학 계산을 하는 연습 문제를 풀었는데 너무나 시시하다는 생각이 들었다. 연습 문제로 다리가 무너질 것인지, 건물의 발코니가 무너질 것인지, 비행기의 날개가 부러져 나갈 것인지를 예로 들어 주었다면 더 놀라운 마음으로 공부했을 것 같다. 역학의 중요성은 성수대교가 무너지고 삼풍백화점이 무너질 때 그 심각성을 깨달았다. 건물이나 기계를 만들기 전에 미리 계산해서 안전성을 확보해야 하는 판단 기준이 역학이니 매우 중요한 학문이었건만 그 당시는 그 중요성을 제대로 깨닫지 못하였다. 아무리 중요하다고 해도 역학은 내게 잘 맞지 않았다. 나는 기하학적인 것보다는 무형의 시스템적인 문제를 다루는 것이 더 흥미롭고 쉽게 느껴졌다.

　나의 적성을 감안하면 산업공학을 선택해야 했다. 그런데 산업공학이 무엇을 공부하는 학문인지도 잘 알 수 없었고, 장래성이 있는지는 더더욱 알 길이 없었다. 그런데 이런 불확실한 현실을 헤치고 나가는 것이 개척 정신이다. 나는 운명적으로 개척 정신을 배워야 하는 인생 경로로 가고 있었다. 전공 선택을 고심하는 중에 졸업 후에 어떤 길로 가게 되는지도 처음 생각하게 되었다. 그동안 생각해 본 적이 없는 첫 번째 관문이 병역 의무를 수행하는 것이라는 것을 현실적으로 깨닫게 되었다. 그 시절은 월남 파병을 시작한 시점이라 단순히 군 복무가 아니고 전쟁터에 나갈 것을 각오해야 하는 시대적 상황이었다. 우리는 월남으로 파병되는 맹호부대를 환송하기 위해 역에 나가 군악의 반주에 맞추어 응원가를 불렀다.

　"그 이름 맹호~오 부대 맹호부대 용사들아, 가시는 곳 월나~암땅 하늘 멀더라도, 한결같은 겨레 마음 님의 뒤를 따르리라, 한결같은 겨레 마음 님의 뒤를 따르리라."

　목청 높여 노래를 부르면 감격하여 눈물이 줄줄 흘렀다. 그런 전쟁터에 내가 나가야 한다니 남의 이야기가 아니었다.

　그때 알게 된 것은 사법 고시에 합격하면 법무 장교가 되고, 회계사에 합격하면 경리 장교가 된다는 사실이었다. 그런데 공과대학을 졸업하면 그냥 사병이었다. ROTC를 선택하면 장교가 될 수 있지만, 군대 생활을 하는 학생이 되고 싶지도 않았지만 가정 교사로 학자금을 벌어야 하는 상황에서 ROTC를 택할 수도 없었다. 박성주는 ROTC가 되어 스포츠머리를 하고 교복을 입고 가슴을 펴고 허리를 곧게 하고 걸었다. 그래서 법무 장교나 경리 장교가 되는 것이 좋겠다고 생각이 들어서 고시 준비를 해야겠다고 고시 학원을 찾아갔다. 그런데 용어도 전혀 모르겠고 법대를 나와서도 몇 년씩 고시 준비를 해도 합격의 보장이 없는 것을 보고 공대생으로서 혼자 공부하는 것이 불가능하다는 것을 깨닫고 포기하게 되었다.

그 무렵 정부에서 한국과학원(후일에 그 이름이 한국과학기술원 KAIST -Korea Advanced Institute of Science and Technology-로 이름을 바꾸게 된 전신이다.)을 설립한다는 소문이 있었다. 무슨 학과가 개설되는지 알 수도 없었고, 언제 설립하는지도 불확실했다. 전액 장학생이라고도 하고, 산업공학과도 포함된다고도 하고. 병역 특례로 군사 훈련 후 국내 산업체 복무로 병역 의무를 대신하는 제도가 처음 열린다는 소문도 있었다. 이런 상황에서 산업공학과를 선택해야 할 것인가?

한국과학원의 설립을 기획하신 정근모 박사님과 같은 분은 국가 경쟁력을 강화하기 위하여 애국심이 충만하고 유능한 인재를 교육시키고자 하셨겠지만 학생들은 오직 자신의 유익을 위해서 선택을 할 뿐이었다. 그런데 그렇게 철없는 학생들이 철이 들어 조국을 생각하게 되는 데는 오랜 세월이 필요했다. 철없는 학생들의 이기적 선택을 오래 참고 기다려 주어야 한다.

질문이 꼬리를 물어서 대학을 졸업하고 나면 무엇을 할 것인가도 생각하다 보니 내가 과연 무엇을 추구하는지 자기 성찰이 필요하였다. 이 질문 앞에서 나는 미래에 대해 내다볼 수 있는 안목과 지식이 없을 뿐만 아니라 나 자신의 목표에 대해서도 잘 모른다는 것을 깨달았다. 내가 무엇을 원하는지, 무엇을 원하는 것이 바람직한지도 알 수 없었고, 무엇이 나를 행복하게 만드는 것인지도 알고 있지 못하였다. 돈이 나의 생존을 위해 필요하다는 것은 관념이 아닌 매달 하숙비를 지급하고 먹게 되는 밥상에서 배웠다. 그러나 나의 장래를 위해 고려해야 할 선택의 대안은 무엇이며, 어떤 점을 고려하여 어떤 방식으로 의사 결정을 해야 하는지 알지 못하였다. 그런데 이 문제는 훗날 학습하게 된 다목적 의사 결정 문제를 체험하고 있었던 것이다.

이런 선택의 고민으로 나의 대학 2학년 2학기 시절은 인생의 목적에 대해 질문의 열병을 앓았다. 밥을 먹어도 그 생각, 수업 시간에도 그 생각, 잠자리에서도 그 생각에 빠졌다. 고등학교 시절에는 어떻게 하면 공부를 잘할 것인가의 질문이 나의 문제였지만, 대학에서는 어디로 가야 할 것인가의 질문으로 문제가 바뀌었다. 빨리 가는 것보다 바른 방향을 찾아가는 것이 더 중요한 보물찾기가 시작된 것이다. 우리는 어떤 의사 결정 방식으로 진로 선택이라는 중요한 의사 결정을 해야 하는 것인가?

다목적 의사 결정론을 적용하여 나의 전공 선택의 문제를 가장 지혜롭게 결정하기 위해 선택의 대안을 산업공학과와 기계공학과로 정하여 표의 두 열에 적었다. 그리고 나의 판단의 기준이 될 항목을 표의 왼편에 한 행씩 적어 보았다. 적성, 장래성, 직장의 안정성, 봉급 수준, 성공 가능성 등 관심 있는 평가 기준을 적어 보았다. 그러나 정작 이 값을 추정하는 것이 어려웠다. 더구나 각 요인들에 대한 상대적 가중치를 정하는 것은 더욱 애매했다. 어느 날은 이 모델을 바탕으로 산업공학과가 선택되고, 자고 나면 기계공학과가 선택되었다. 과학적 의사 결정론은 그 값의 추정치와 가중치가 주어졌을 때는 적용 가능하지만 우리 일생의 중대한 기로에서 선택하는 결정에는 적용하기가 쉽지 않았다.

암흑 같은 고민의 터널인 2학년 2학기는 모든 과목에 F 학점을 받고 마무리되었다. 어디로 가야 할지 모르고 고민하는 고통은, 선택한 어느 한 길이 주는 어려움보다 더 고통스

| | 가중치 (%) | 산업공학과 (1-10점) | 기계공학과 (1-10점) |
|---|---|---|---|
| 적성 | 20 | 10 | 5 |
| 장래성 | 20 | 7 | 9 |
| 직장의 안정성 | 10 | 7 | 9 |
| 봉급 수준 | 20 | 8 | 9 |
| 나의 성공 가능성 | 30 | 9 | 5 |
| 합계 | 100% | 8.4 | 7.0 |

러웠다. 햄릿처럼 우유부단하여 의사 결정을 하지 못하는 것이 가장 나쁜 결정이라는 사실을 깨닫게 되었다. 다행히 이고통에서 얻게 된 제3의 교훈이 있었다. 무엇을 전공하는 것이 중요한 것이 아니라, 무엇을 하든지 열심히 하는 자세가 더 중요하다는 사실이다. 그리고 자신이 선택한 길을 숙명으로 받아들이고 뒤돌아보지 않는 집중력과 선택한 길에 대해 감사하는 마음을 갖는 것이 필요하다. 그렇게 하면 어느 길로 가든지 성공할 수 있다. 이런 선택의 기준은 전공뿐만 아니라, 직장과 배우자 선택에서도 적용될 수 있는 간단한 진리이다. F 학점을 받은 학생의 결론치고는 매우 건설적인 결론을 얻었다. 2학년 2학기를 바칠 만한 가치가 있는 결론이었다.

이후로 나는 진심으로 열심히 공부하는 학생이 되었다.

3, 4 학년 시절은 산업공학을 열심히 공부했고, F 학점도 모두 재수강하여 F 학점에서 해방되었다. 내 적성에 맞지 않는 고체 역학은 두 번이나 재수강을 하였다. 내가 하고 싶지 않은 공부도 참고 공부하는 것은 바둑에서 포석을 해 둔 것과 같이 새로운 집을 짓는 기초가 될 수 있다. 그러므로 지식도 너무 편식을 하고 빨리 가는 것은 융합형 인재가 되는 데는 좋다고 볼 수 없는 것 같다.

나의 경험에 의하면 진지한 젊은 이는 건전한 고민과 질문을 탐구하는 시간을 갖는 것이 반드시 필요하다고 생각한다. 학교에서 정해진 교과 과정이 아닌 자신의 존재에 관한 질문에 대한 답변을 얻는 것은 눈에 보이지 않지만 생존을 위한 기초 공사이다. 공부를 잘하고 건실한 학생인 것 같아 보여도 이 기초가 뿌리 깊지 않으면 역경이 찾아올 때 좌절하게 되고 심지어 자살도 하게 될 수 있다고 생각한다. 이런 인생 문제에 대한 대화와 토론을 할 수 있는 교과목을 개설하여 주는 것이 필요하다는 생각이 든다.

이 무렵 이면우 교수께서 멋있는 27세 전임 강사로 산업공학과에 부임하셨다. 산업공학은 너무나 흥미로운 문제를 많이 다루었다. 생산성 향상, 품질 향상, 시스템적 사고, 최적화 의사 결정, 통계적 예측, 정보 통신 기술을 이용한 정보 관리 등이 중요하고도 흥미로웠다. 요즘 대량의 데이터를 이용하여 고객과 상품을 분석하는 데 사용하는 데이터 마이닝(Data Mining) 기법은 통계적 기법을 활용한 예측 방법이다. 이 기법을 이용하여 상품과 고객의 상관관계를 파악하면, 상황에 따라 더 효과적인 광고 계획을 수립할 수 있다. 이처럼 다수의 반복적 상황에서는 확률적으로 유리한 의사 결정을 하면 총량적으로 유리한 결정을 할 수 있다.

그러나 인생의 중요한 결정은 이런 반복적 결정이 아니기 때문에 과학적 의사 결정보다는 인생관에 의한 의사 결정의 지혜를 적용하는 것이 필요하다. 그런데 나는 이 두 가지 문제의 차이를 잘 구분하지 못한 채 배웠다. 과학적 의사 결정의 영역이 지식의 영역이라면, 인생관에 의한 의사 결정 문제는 지혜의 영역이라고 구분할 수 있을 것이다. 과학적 학문에서는 지식의 영역을 집중적으로 다루었다. 그러나 지혜에 관한 사항은 주제조차 언급하지 않았다. '나는 왜 존재하는가'란 근원적인 질문은 너무 막연하고 주관적이어서 공과대학의 대상이 아니었다. 그런데 문제는 이 답이 없이도 살아갈 수 있는 것일까? 그렇지 않았다. 마치 입양아가 사회적으로 성공하고 경제적으로 부족함이 없어도 끝없이 자신의 생모를 갈망하는 것같이 인간은 자신을 존재하게 한 창조주를 끝없이 갈망하기 때문이다. 이 답을 찾는 데는 더 오랜 세월이 필요했다.

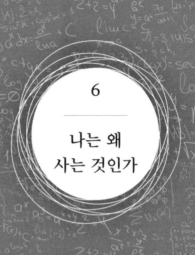

6

나는 왜
사는 것인가

전공의 선택을 위해 생긴 나의 질문을 중간에 멈출 수가 없었다. 내가 과연 무엇을 하고 싶어 하는 것인가? 무엇을 해야 성공할 수 있는가? 무엇이 더 귀중한 일인가? 내 인생의 목표는 무엇인가? 나는 어디에서 왔으며 어디로 가는 존재인가? 박사가 되는 것이 멋진 것인가, 사장이 되는 것이 멋진 것인가? 과학자가 귀한 것인가, 정치가가 귀한 것인가? 누가 이 가치의 기준을 정해 주는 것인가? 이 같은 질문은 지극히 이기적이었고 다른 사람을 위한 생각은 없이 오로지 자신에게 집중된 것이었다. 한 번도 다른 사람을 위해서 자신을 희생하도록 교육을 받았다는 기억이 없었다. 질문은 꼬리를 물고 내 생각을 사로잡았다. 이 질문들은 나의 대학 2학년 2학기에 학점 신청한 과목 외에 주어진 숙제였다.

무슨 책을 읽어야 이런 질문에 대한 해답을 구할 수 있는가? 누구에게 물어보면 이 답을 알고 있는 것인가? 아무도 정확하게 대답해 주지 못하였다. 이런 질문을 배부른 사람이 할 일 없어서 하는 소리라고 한다면 그 말에는 공감할 수가 없다. 왜냐하면 나는 하루하루를 먹고살기 위해 아르바이트를 해야 하는 절박한 여건에 있었고, 학점을 따지 않으면 학교에서 쫓겨날 처지였으니 이런 질문을 사치스럽게 여유로워서 하는 것은 아니었다.

어른들은 그런 질문을 하는 것을 보고 "네가 철이 들었구나. 한때 그런 질문을 하게 되는 것이다."라고 했다. 그러나 그분들도 답을 알고 있지는 않았다. 좀 지나면 그런 생각에서 벗어날 수 있을 것이라며 젊은 날의 열병과 같은 것이라고 말했다.

의사 결정론에서는 어느 요인이 우선되어야 하는지, 비중을 크게 해야 하는지에 대해 대소경중(大小輕重)을 알면 총점이 더 큰 것이 무엇인지를 계산해 주는 방법을 알려 주었다. 그러나 대소경중 자체에 대한 판단은 네가 스스로 하라고 자유를 주었다. 그런데 그 대소경중을 알지 못하겠다. 동양의 가르침에서는 대소경중 전후본말(大小輕重 前後本末)을 알면 군자(君子)이고 모르면 소인배라고 했다. 크고 작음을 알고, 무겁고 가벼움을 안다는 것은 의사 결정론에서 변수의 우선순위(Priority) 와 가중치(Weight)를 아는 것과 같다. 전후본말은 순서를 정하는 순서 결정(Sequencing) 문제와 지식의 상하위(Hierarchy) 구조와 인과 관계 분석 문제를 뜻한다. 산업공학에서는 이런 문제의 해법의 논리적 구조를 탐구하였다. 이런 문제는 기업 경영을 위한 다목적 의사 결정론의 핵심 주제이다. 그러나 한 사람의 구체적 인생을 두고 대소경중 전후본말이 무엇인지는 말해 주지 않는다. 그런 판단의 기준은 어디에서 배울 수 있는 것인가?

친구들에게 이런 질문을 하면 "골치 아프다."고 했다. "네가 제법 수준이 높은 질문을 하는구나."라고도 했다. "네 주제를 알아라."고 이런 질문을 하는 내가 거만해 보인다고도 했다. 나는 잠을 이룰 수 없었다. 그런데 마침 이런 고민을 먼저 한 선각자가 있었으니 《잠 못 이루는 밤을 위하여》를 집필한 칼 힐티였다. 그러나 내 질문에 대한 답을 정리해 둔 것은 아니었다. 톨스토이의 《인생독본》에는 우리에게 필요한 많은 질문에 대한 명언들을 정리해 두었다. 주제별로 정리해 두었기 때문에 궁금한 주제를 찾아보는 데는 큰 도움이 되었다. 그러나 본질적인 답을 주지는 못하였다. 그리고 내 나이가 청춘인지라 사랑을 받고 싶어서 스탕달의 《연애론》도 읽어 보았다. 어떻게 하면 내가 사랑하는 사람이 나를 사랑하게 할 수 있는지 비법을 알고 싶었다. 그러나 내가 사랑하는 여인은 어디에 있는지도 알 수 없었고, 그 사람이 나를 사랑하게 하는 방법은 더더욱 알 수 없었다. 위대한 현인들의 말씀을 제대로 이해할 수가 없었다. 그래서 인생은 선각자들이 가르쳐 주는 대로만 살 수 있는 것이 아닌 자기 자신만의 답을 찾아야 하는 것인가 보다.

나에 비해 재용 형은 조상의 말씀과 전통을 따르는 순종형이었다. 형은 효심이 뛰어났다. 그러나 나는 고집스럽고 형과는 달랐다. 이런 내 모습이 형에게는 못마땅하였다. "막내들은 너무 고집스럽고 자기밖에 모른다."고 나무라셨다. 그러나 논리적으로 납득이 가야 순종하지 무조건 전통을 따르라는 데는 진심으로 승복이 되지 않았다. 나는 항상 심각한 편이었고 친구들과의 대화는 무거웠고 마음은 울적했다. 이런 심오한 질문에는 관심 없이 가벼운 생각만 하는 사람들이 경박스러워 보였다.

그 무렵 나는 서울대학교 문리대학이 위치한 동숭동(지금의 대학로 방송통신대학 위치) 캠퍼스의 뒷길에 가정 교사로 입주를 하고 있었다. 어느 날 저녁 깊은 시름에 싸여 산책을 하다가 동숭동 교회 옆을 지나갔다. 그런데 교회에서 찬양 소리와 웃음소리가 들려왔다. 이 심각한 인생에 웃을 일이 무엇이 있다고, 해답도 알지 못하면서 경박하게 웃는가 싶어 불 켜진 창 안쪽을 들여다보았다. 어릴 때 동리 교회를 다녀 본 이래 청소년 시절에는 교회를 다닌 적도 성경책을 읽어 본 적도 없었다. 그런데 문득 이들이 찾고 있는 해답이 내가 찾고 있는 것과 일맥상통할지도 모르겠다는 생각이 스쳐갔다. 나는 그날 밤 그들의 즐거운 노랫소리와 웃음소리를 잊지 못한다. 우리에게 평화를 주는 저런 웃음은 어디에서 오는 것인가?

유치원에서부터 친구로 지내던 오랜 친구가 있다. 그 친구는 중학교 시절 병환으로 졸업이 늦어져서 당시 재수를 하고 있었는데 2학년 2학기 기말고사 두 주일 전쯤 되는 밤에 내가 가정 교사로 입주해 있던 집으로 찾아왔다. "마지막으로 너를 보고 싶어서 왔다."고 했다. "기차 타러 가기 전에 너는 보고 가야 되겠다고 생각되어서 밤늦은 시간에 찾아와서 미안하다."고 했다. 마치 기차를 타고 가다가 뛰어내리겠다는 결심을 한 사람의 최후통첩과 같이 들렸다. 입주 가정 교사는 무단으로 외박을 하면 안 된다. 그러나 나는 그날 갑자기 친구를 따라 밤차를 탔다. 어디를 가든지 따라가야 했다. 그가 도착한 곳은 그의 누님 댁이 있는 경상남도 언양이란 곳이었다. 지금은 KTX 울산역이 위치하여 눈부시게 발전한 곳이다. 친구의 큰 누님은 언양 시장에서 크게 장사를 하고 있었는데 그 집에서 며칠을 같이 보내다 돌아왔다. 가정 교사 자리에서는 그만 쫓겨나 버렸다. 기말고사를 준비할 엄두도 나지 않았다. 어차피 딴생각만 하고 지난 한 학기였으니 친구를 탓할 수도 없다. 그래서 기말고사 시험을 남겨 두고 대구의 부모님 집으로 내려가 버렸다.

아버지와 어머니는 언제나처럼 나를 반기셨다.

"올해는 학기가 일찍 끝났네?"

나는 묵묵히 있었다. 내 마음은 끈이 떨어진 연처럼 정처 없이 날아만 갔다. 그렇게 2학년 2학기는 모두 F 학점으로 끝났다. 나는 이제 어떻게 해야 하는가? 내가 왜 사는가에 대한 답을 찾지도 못했을 뿐만 아니라 당장 어떻게 살아남을 수 있는지도 알 수 없었다. 그러나 다행인 것은 오랜 고민 끝에 얻은 결론은 '무엇을 하든지 열심히 공부해야 한다'는 것이었다. F 학점 받은 학생치고는 건전한 답을 찾은 것이었다.

전공 학과는 오랜 방황 끝에 산업공학과를 선택하였다. 과학적 의사 결정 방법은 내게 아무 도움도 되지 못했다. 그런데도 산업공학과를 선택하고 나니 마음이 평안을 얻었고 희망이 생겼다. 그렇다. 마음에 평화를 주는 선택이 나에게 최선의 선택이었던 것이다. 이 당시로는 다른 사람의 평화까지는 생각할 겨를이 전혀 없었다. 생산기계공학과 동기생 30명 중 17명은 산업공학과로, 13명은 기계공학과로 갔다. 이들이 내 평생의 친구들이 되었다. 이들도 나처럼 고민하고 선택을 했겠지. 산업공학과 학생으로 3학년의 시절이 나를 기다리고 있었다.

초등학교 2학년, 나는 공직자인 아버지를 따라 경주 계림국민학교를 다녔다. 경주에는 북천내라는 강이 있는데 사라호 태풍 때 이 강으로 무서운 홍수가 났다. 소가 둥둥 떠내려왔고 집채가 떠내려오는 것도 보았다. 그러나 보통 때는 깊지 않은 개천이었다. 어느 날 북천내로 이어진 형산강 건너편에 사는 친구 집에 놀러 가게 되었다. 그 친구는 개천을 건너 가자고 하면서 물속을 걸어 앞서갔다. 나도 그를 따라 건너기 시작했다. 그런데 그가 발헤엄을 치고 있었던 것을 나는 몰랐다. 나는 수영을 하지 못했다. 가슴까지 물이 차오르자 물살에 발이 바닥에 닿지 않았다. 온몸은 물살을 따라 둥둥 떠내려가기 시작했다. 이렇게 익사하는구나 싶게 당황하며 한참을 떠내려갔다. 너무나 무서웠다. 살려 달라고 고함을 칠 줄도 몰랐다. 좀 더 떠내려가면 철교 밑에 폭포처럼 물이 낙차를 이룰 것이었다. 나는 죽은 목숨이었다. 그런데 어떤 청년이 내게 다가와서 긴 막대기를 내밀었다. 나는 그 막대기를 잡고 개울가로 옮겨 갔고 그가 내 손을 잡아 건져 주었다. 나는 물에 빠진 생쥐처럼 개울가에 앉아 덜덜 떨었다. 그는 나를 구해 주고는 말없이 가 버렸다. 고맙다는 말도 하지 못하였다. 그의 얼굴도 기억하지 못한다. 그러나 그는 생명의 은인이다.

대학 2학년 2학기는 물에 빠진 기간이었다. 나는 열심히 발헤엄을 치지 않으면 안 되었다. 그러나 발헤엄을 배우지 못한 상태였다. 누가 나를 건져 주어야 살 수 있었다. 누가 나를 이 사망의 고통에서 구해 줄 수 있을까? 위험한 마술을 할 때 보여 주는 경고 자막이 생각이 났다. '어린이는 따라 하지 마시오'. '나의 2학년 2학기 F 학점은 위험하니 따라 하지 마시오'라고 안내판을 붙여 놓고 싶었다. 누군가 손을 내밀어 구해 줄 분이 있을 때만 건너 볼 수 있는 개울이었다.

이럴 때 누군가가 나를 구해 준다면 얼마나 좋을까? 그 구원 계획을 미리 알려 준다면 얼마나 좋을까? 나는 구원자가 나를 먼저 찾으신다는 것을 전혀 모르고 있었다. 생명 방정식의 해답을 찾아야 한다는 것조차 알지 못하고 있었던 것이다.


나 아직 당신 이름조차 모르는데
내 이름 아시나요

나는 내 갈 길만 찾는데
당신은 오늘도 나만 찾고 계시나요

당신은 누구신가요

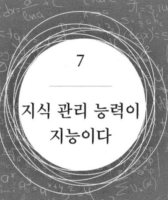

7

지식 관리 능력이
지능이다

산업공학과 3학년이 되어 이면우 교수님께 산업공학을 배웠는데 매우 재미있었다. 우리는 산업공학과 1기생이란 긍지를 가지게 되었는데, 이런 환경 속에서 자신도 모르게 개척 정신이 체득된 것 같다. 이면우 교수님은 훗날 《W-이론을 만들자》는 책을 출간하여 선풍적으로 유명해지셨는데, W-이론은 '신바람 나서 일하게 하면 효과가 증대한다'는 이론이다. 기존의 X-이론은 '사람은 잘 관리하고 감독해야 좋은 성과를 얻을 수 있다'는 이론이고, Y-이론은 '사람은 자율적인 여건을 조성해 줄 때 좋은 성과를 낼 수 있다'는 이론이다. 사실 사람에게는 양면성이 있다. 이에 비해서 W-이론은 신바람 나는 여건을 마련하면 신들린 듯이 열심히 일하게 된다는 서울공대 교수와 학생들이 연구·개발한 경험을 기록하였다. 그런데 어떻게 해야 신바람이 날 수 있는지는 독자가 나름대로 찾도록 남겨 두셨다. 제자들의 몫일 것이다. 이 해답을 찾는 데는 오랜 세월이 더 필요했다.

다행히 3학년 1학기에 성적이 아주 좋게 나와서 기숙사 장학생으로 선발이 되어 연건동에 있는 정영사에서 기숙사 생활을 할 수 있게 되었다. 이로 인해 생활이 훨씬 안정이 되었다. 2학년 2학기에 전과목 F라면 믿어지지 않을 것 같은 변신이 일어났다. 정영사는 그 당시 분산되어 있던 서울대학교의 각 단과대학에서 성적이 좋은 학생들이 선발되어 생활하고 있었다. 모두들 끔찍한 공부 벌레로 나름대로 분야별로 일가견이 있는 친구들을 많이 만나게 되었다. 정영사에서는 성적이 나쁘면 쫓겨나게 되기 때문에 갈 곳 없는 나는 목숨을 걸고 공부할 수밖에 없었다.

중학교 3학년 때 부기 문제를 요행히 맞추어 성적이 올랐지만, 대학 3학년 때 성적이 오른 데는 다른 이유가 더 있었다. 첫째는 2학년 2학기의 피나는 기초 공사 덕분에 공부가 중요하다는 뼈저린 자각에서 우러난 자발적 열심이 나를 다른 사람으로 만들었다. 둘째는 정영사에서 쫓겨나지 않기 위해 성적이 좋아야만 했다. 셋째는 새로이 체득된 목차를 만드는 습관으로 학습 방법이 향상되었다는 점이다.

이 무렵 우연히 체득하게 된 읽을 책의 목차를 작성하는 습관은 제자들에게 정말 권하고 싶은 학습 방법이다. 그래서 학생들에게 목차 만들기를 숙제로 내 주기도 했다. 나는 학기 초에 교재가 정해지면 그 교재 전체 목차를 직접 만들었다. 그렇게 목차를 만들면서 책을 처음부터 끝까지 훑어보고 중요한 제목을 기록·정리했다. 특기할 그림이나 표, 용어들이 나오면 그 내용이 어느 위치에 있는지 목차에 표시해 두었다. 이런 식으로 정리된 목차는 소위 메타-지식(Meta-Knowledge)이다. 지식에 대한 지식을 메타-지식이라고 한다. 그런데 메타-지식은 Know-where에 관한 지식으로 오늘날 인터넷에서 네이버(Naver)나 구글(Google) 같은 포털의 검색 지식은 모두 메타-지식의 영역에 속한다. 그러므로 자신과 관련된 개인적 메타-지식을 효과적으로 관리할 수 있다면 그만큼 지능이 높아지는 효과가 있다. 학생들이 목차 만들기 습관을 체득하면 IQ가 20은 높아지는 효과가 나타날 것이라고 생각한다.

메타-지식을 스스로 정리하면 숲을 바라보는 예습이 되고, 필요한 내용을 바로 찾아갈 수 있는 검색 능력을 향상시켜 줄 뿐만 아니라 앞으로 배울 내용에 대한 두려움을 없애 준다. 이 습관이 내 성적을 올리는 데 크게 도움을 주었다고 생각한다. 목차를 보면서 공부를 하면 나침빈을 가지고 길을 찾아가는 것같이 현 위치를 파악하게 되므로 전후 맥락을 잃지 않아서 이해력이 증대된다. 심지어 공책도 목차를 만들어서 전체 구성을 이해할 수 있도록 정리하였다. 이 습관을 평생 간직하고 있고, 제자들에게 목차를 만들어서 전체를 먼저 조감하는 습관을 가지라고 권하고 싶다. 큰 덩어리의 지식을 파악할 수 있게 하고 체계적으로 구성하는 능력을 확충하는 데 큰 도움이 된다. 이런 능력은 훗날 연구자로서 자신의 생각을 체계적 구조로 구성하는 데 기초 역량이 되었다.

이 습관은 심리학의 단기 기억(Short-term Memory)과 장기 기억(Long-term Memory)의 구조 관점에서도 매우 합당한 접근 방법이다. George A. Miller가 연구한 Magical Number Seven이란 실험 결과에 의하면 사람은 한꺼번에 식별할 수 있는 인지 능력이 (7-2)-(7+2)라는 것이다. 개인의 역량에 따라 5-9개로 차이가 있지만 그 이상의 많은 내용은 동시에 생각할 능력은 없다는 것이다. 그러므로 복잡한 문제는 나무 구조로 지식을 분류하여, 상위 수준에서 전체적 구성을 파악하는 것이 전체를 이해하는 데 도움이 된다. 분류된 각 항목에 대해서 한 번에 한 가지씩 집중할 수 있어 다른 내용과 구분하여 관리가 가능하므로 유한한 지적 능력을 가진 인간에게 적합한 방법이다.

책을 읽을 때 목차를 작성하는 습관은 책이나 논문을 집필할 때도 효과적으로 사용된다. 학습을 할 때는 목차가 전체를 이해하는데 도움이 되지만, 집필을 할 때는 목차가 복잡한 자기 생각을 체계화하는 도구가 된다. 복잡한 문제를 전체 구성을 한 후에 다른 장에 대한 부담을 내려 놓고 한 장씩 집중할 수 있게 해 준다. 이것이 복잡한 문제를 나누어서 푸는 Divide and Conquer 방식이다.

이 비유는 사람의 체중을 측정하는 저울로 코끼리의 무게를 어떻게 측정할 것인가라는 문제의 해답과도 같다. 사람의 머리의 용량은 체중계 저울의 수준인데, 코끼리같이 큰 문제를 어떻게 해결할 것인가? 이 문제를 해결하기 위해 피

타고라스는 코끼리를 배에 태워 깊어진 수위를 배에 표시하고, 다음에는 돌을 싣고 같은 수위까지 채운 후 돌의 무게를 하나씩 측정하고 이들을 합산하여 코끼리를 죽이지 않고 몸무게를 측정하였다. 이처럼 사람의 두뇌의 한계를 극복하게 해 주는 목차 만들기는 지적 능력을 크게 향상시켜 준다.

이는 마치 요리하는 도마의 공간은 좁지만 여러 가지 요리 재료를 차례대로 잘라서 다른 그릇에 옮겨 놓는 것과도 같다. 이 개념이 컴퓨터의 운영 체계(Operating System)에도 적용되어 주 기억 용량은 제한되어 있지만 보조 기억 장치에 대규모의 자료를 저장해 두고 한 번에 한 가지씩 주 기억 용량만큼 옮겨 와서 문제를 해결하고 그 결과를 보조 기억 장치에 저장하는 원리와 같다.

목차 만들기 외에 다른 지적 능력 향상 방법은 문제 중심적으로 지식을 정리하는 훈련을 쌓은 것이다. 이 능력에 출중한 분으로는 과학기술처 장관을 두 번이나 역임하신 정근모 박사님이다. 정근모 박사님은 미국에 유학 가서 2년 만에 박사를 받았는데 박사 자격 시험공부를 위해 예상 문제를 만들어서 그 답을 미리 준비했더니 유사한 문제가 출제되어 단시간에 박사 학위를 받았다는 전설 같은 이야기가 전해 온다. 주어진 지식에서 중요한 문제가 무엇인지를 분별하는 능력 – 이 능력은 지식의 영역을 넘어선 지혜라고 분류하는 것이 좋을 것이다. 이런 창의적 능력도 타고나야 하겠지만 어느 정도 반복된 훈련으로도 개척할 수 있다.

이 무렵 나는 일기를 쓰고 있었는데 매일 먹고, 자고, 학교 가고, 공부하고, 아르바이트하는 반복적 생활을 기록하는 것은 별 의미가 없다고 생각되었다. 그래서 매일 그날의 관심 주제에 대해 제목을 붙이고 생각을 정리하는 방식으로 일기를 작성하였다. 사랑이란 무엇인가? 직업은 어떻게 결정하는 것이 좋은가? 행복의 조건은 무엇인가? 우정은 어떻게 유지되는 것인가? 성공의 비결은 무엇인가? 국가는 어떻게 발전하는 것인가? 왜 강대국은 패망하게 되는 것인가? 등과 같이 매일 그날의 주된 관심에 대해서 생각을 정리하니 완전한 답을 얻은 것은 아니라도 마음속의 혼미함이 없어지고 심적 부담도 적어지는 것을 경험하였다. 이런 습관은 목차 습관과 함께 해답을 찾아야 할 문제를 정의하고 생각을 정리하는 데 도움을 주었다. 이 습관이 '목적에 따른 글쓰기'에 도움이 된 것 같다. 나중에 보니 *Writing with Purpose*란 책이 있었다.

그러나 대학을 졸업할 때까지도 인생의 궁극적인 목적을 발견하지는 못하였고, 열심히 살다 보면 보람 있는 결과가 올 것이란 막연한 기대를 하는 데 만족해야 했다. 한 달씩 벌어서 먹고살아야 하는 처지와 매일 밀려오는 숙제를 해야 하는 상황 속에서 궁극적이고 중요한 문제에 대한 해답을 찾는 것보다, 오늘 당장 시급한 문제를 해결하는 것이 항상 우선순위가 높은 생활이 계속되었다.

8

진실한 사랑을
얻는 법

1970년초 서울공대는 지금의 공릉동에 위치해 있었으므로 우리는 청량리 지역에 하숙을 하였다. 이 하숙집 아주머니는 마음이 후덕하여서 맛있고 영양가 있는 음식을 많이 주셨다. 당시 내 체중은 58kg에서 62kg 사이를 하숙집 아주머니의 인심에 따라 오르내렸다. 청량리 하숙집에서는 내 체중이 62kg였으니 '영자의 전성시대' 같은 전성시대였다. 같은 하숙집에 경북고등학교 동기생인 조병재와 이상호가 먼저 하숙을 하고 있었다. 병재는 경영대학을 진학하였고, 상호는 토목공학과를 진학하였다. 공릉동에서 친하게 지난 응용화학과를 진학한 정완(외자)이도 이웃에 하숙을 하고 있었다. 병재는 친구를 넘어선 나의 은인으로 내가 어려울 때면 항상 내 곁에 있었다. 내 하숙방에 고등학생들이 찾아와서 공부를 가르쳤다.

1학년 시절에는 모두 교양과정부에 소속해서 같이 지냈지만, 2학년이 되어서는 병재는 종암동에 있는 경영대학 근처로 이사를 하게 되었다. 그래서 우리는 한 달에 한 번씩 만나자고 하였다. 우리는 만나면 흥겹게 만취하도록 술을 마시었다. 나는 술을 마시면 몹시 괴로운 체질이었다. 그러나 친구들과 만나는 것이 좋아서 함께 마셨다. 상호는 호인으로 술자리에서 흥을 돋우고 멋지게 노래를 불렀고, 헤어지기 싫다면서 2차, 3차로 이끄는 다정한 친구였다. 그런데 술만 마시는 것은 시간이 아까웠다. 그래서 좀 더 의미 있게 만나는 시간을 활용하자고 했다. 매달 글을 쓰고 그 글을 함께 읽자고 했다. 친구들에게 별로 내키는 제안은 아니었지만, 굳이 반대할 이유도 없어서인지 그렇게 하자고 동의하였다.

술 마시고 노래하며 즐겁기만 하던 친구들끼리 갑자기 글을 쓰는 부담을 주는 것은 어울리지 않는 일이었다. 옛날 선비들처럼 풍류를 배운 것도 아닌 공대생, 경영대생이 무슨 글을 쓰겠는가? 우리들의 계획은 비웃음을 받으며 실패로 끝났다. 그래서 여학생을 몇 명 초청하여 같이 모이면 어쩔 수 없이 글을 쓰게 되지 않겠냐고 꾀를 내었다. 여학생을 두 명 초청하게 되었는데, 모임의 이름도 있어야 해서 아성회(我成會)라고 불렀다. 我成이란 이름으로 '우리 자신을 이루어 간다'는 제법 근사한 목표를 내세웠다. 이런 목표를 설파하였더니 여학생이 취지에 동의하였다. 1971년 대학 3학년 초였다.

이 모임에 우리보다 한 학년 아래인 이화여대 도서관학과 2학년 최윤경이란 여대생이 참여하였다. 여성 회원의 눈치가 보이는지라 우리는 몇 차례 글을 쓰고 낭독하였다. 동숭동에 위치한 대학다방이 이 낭만의 소굴이었다. 그러나 친구들과 나는 문학과는 거리가 먼 사람들이었다. 상호는 글을 대강 읽고 어서 본론으로 들어가서 한잔하자고 했다.

나는 글을 쓸 주제가 생각나지 않았다. 주제 발굴은 매우 막연하였다. 그래서 '행복의 방정식'이란 제목으로 글을 썼다. 2학년 2학기의 고비를 넘어 간절히 행복해지고 싶어서인지 어떻게 해야 행복해지는 것인지 궁금해서 이 주제를 선택하였다. 행복을 얻기 위해서는 외적 조건과 내적 조건이 있다고 분류하였다. 외적 조건이란 물질이나 환경적인 여건으로 행복을 위해 필요한 자원에 해당하는 것이고, 내적 조건이란 그 행복의 자원을 어떻게 받아들이느냐의 마음에 달린 것이라는 식으로 생각을 정리해 보았다. 외적 조건을 충족시키기 위한 음식, 옷, 집, 자동차, 돈, 명예, 지위 등이 무엇을 뜻하는지 알 것 같았지만, 무엇이 내적 조건을 결정하는지는 잘 설명하지 못했다. 다만, 외적 조건이 좋다고 반드시 행복해지는 것은 아니라는 방정식의 성격을 설명하는 정도로 만족해야 했다. 사랑이 내적 조건의 중요한 함수인 것을 알지 못하고 있었다. 같은 음식이라도 누구와 같이 먹느냐에 따라 행복이 얼마나 달라지는지 이해하지 못하였던 것이다. '없어서 못 먹지'가 우리의 처지였으니까.

이 행복 방정식의 개념은 경제학에서 활용하는 효용 이론(Utility Theory) 모델과 유사하다는 것을 나중에 알게 되었다. $U(X, Y)$와 같이 표현된 효용은 자원 $X$, $Y$와 같은 독립 변수에 의해 결정되는데, 함수 $U$가 효용 함수이다. 경제학에서는 효용을 극대화하는 방법을 탐구한다. 그러나 경제학에서는 개인별 효용 함수가 어떻게 결정되는지를 묻지 않는다. 각자 느끼고 판단할 수 있다고 가정한다. 의사 결정 이론에서도 대소경중을 각자의 판단에 맡긴 것과 같다. 다만, 자원이 늘어나면 효용이 늘어나지만 증가율은 감소(decreasing marginal return)하는 성질이 있다는 식으로 이론이 개발되었다. 그런데 정말 어려운 것은 그 효용 함수의 결정 요인이 무엇인가라는 것이다. 효용의 결정에는 Maslow의 욕구 이론이라든가 문화, 종교, 윤리, 철학 등 다양한 사회적 규범이 영향을 준다. 그러므로 사람의 행복을 이해하려면 기술과 경제에 의해 X, Y를 증대하는 방법과 함께 효용 함수 U가 어떻게 형성되는 것인가를 알아야 한다. 우리나라 국민 소득이 100달러에서 3만 달러를 넘어섰지만 우리의 행복 지수는 바닥이고, 740달러의 소득에 불과한 방글라데시 국민이 행복 지수 1위라고 하니 행복의 내적 조건이 매우 중요한 것은 사실이다.

그런데 3학년 2학기가 끝날 무렵 졸업 학년을 앞두고 아성회 친구들도 생활이 바빠졌고, 일 년 동안 매월 만나 오던 아성회의 모임도 계속 유지하기 어렵게 되었다. 그런데 나는 최윤경 회원과 헤어지는 것이 너무 싫어서 내 마음을 고백하게 되었다. 아성회를 해산하더라도 계속 만나 준다면 아성회를 해산해도 괜찮고, 그렇지 않다면 아성회를 계속하자고 솔직하게 고백하였다. 개인적 사랑의 고백을 돌려서 표현한 것이었다. 여성들은 남자가 사랑을 고백하는 것이 어렵지 않다고 생각하지만 사실은 매우 어려운 일이다. 너무 쑥스럽기도 하고 거절당하는 것이 두렵기도 하기 때문이다. 그러나 정말 헤어지면 안 되겠다고 생각하게 되면 그런 망설일 겨를이 없어지는 것을 체험하였다.

그렇게 어설픈 고백을 하였는데 뜻밖에 최윤경 회원이 나를 거절하지 않는 기적이 일어났다. 처음 만날 때부터 같이 있고 싶다는 생각을 하였지만 결혼은 감히 생각할 계제가 아니었다. 그러나 촌놈인 나는 사랑을 고백하면 결혼을 전제해야 한다고 생각하고 있었다. 그러므로 사랑을 고백한 것은 곧 결혼을 결심하는 것과 같은 의미가 있었다. 요즘 세대에서 볼 때는 너무 조급한 생각일 것이다.

1972년 3월 19일 드디어 첫 데이트를 하였다. 우리는 종로 2가 YMCA 지하 다방에서 만나서 창경궁 옆길을 걸어 대학로까지 같이 걸어갔다. 같이 있는 것만으로도 너무나 행복했다. 행복 방정식의 외적 조건이 하나도 변하지 않았는데 사랑이란 내적 조건만으로도 마냥 행복해진 것이다.

다시 만날 핑계가 없어서 주일날 최윤경 회원이 출석하는 명동성당에 나가서 일부러 마주쳐야 했다. 왜 따라오느냐고 해서 말도 되지 않는 핑계를 대었다.

"4월 5일 식목일에는 나무를 심어야 합니다. 같이 나무를 심으로 갑시다."

아주 특별한 식목일을 위해 뒷산에서 멀쩡하게 뿌리 내린 어린 묘목을 뽑아 교외선을 타고 팔당역에서 내렸다. 우리는 강변을 따라 다음 정거장까지 걸어서 어느 산에 그 묘목을 심었다. 사랑을 심었다고 해야 할 것이다. 같이 대화하고 웃고 걷는 것이 그렇게 좋았다. 청량리에 있는 명다방으로 돌아와서 작별 인사를 나누게 되었는데 다음에 또 만나자고 하니 왜 만나느냐고 했다. 달리 핑계를 댈 방안이 없었다.

이 무렵 KAIST의 설립이 결정되었고, 여섯 개 학과 중에 산업공학과가 포함된다고 공표되었다. 1기생 모집 시기는 1973년 – 내가 졸업하는 바로 그해 였다. 모집 시기가 내 졸업 연도와 같은 것이나 산업공학과가 포함된 것은 나에게 엄청난 행운이었다. 의사 결정 모델로 미래를 분석할 때는 알 수 없었던 사실들이었다. 그 당시 정부에서 파격적인 혜택을 약속하고 인재들을 모집한다는 것이었다. 시험 준비에 전념을 다해야 할 때가 된 것이다. 그런데 가정 교사를 해서 학자금을 벌어야 했고, 주제넘는 연애까지 하려면 시간적으로나 경제적으로 실천 가능하지 않았다. 나는 가정 교사를 해야 하기 때문에 시간이 자유롭지도 못했다. 자기를 사랑한다면서 시간도 못 내느냐고 한다면 너무나 난감한 형편이었다.

그래서 단 두 번 개인적 만남을 할 뿐이었던 최윤경 회원에게 내 사정을 솔직하게 설명드리고 약혼을 허락해 달라고 청하였다. 내가 공부에 전념하고 이 어려운 시기를 극복하여 결혼을 할 수 있도록 안정시켜 달라고 매력 없고 뻔뻔하게 사랑을 고백한 것이었다. 반응이 실로 걱정이 되었다. 그런데 최윤경 회원은 뜻밖에 내 청혼을 순순히 받아들였다. 야호! 너무나 큰 행복 방정식의 열쇠 하나를 잡았다. 훗날 내가 그렇게 좋더냐고 물었더니 야박하게 '그렇지 않았다.'고 말한다. 그냥 믿음이 가고 이런 사람을 다시 만날 수 없겠다는 생각이 들어서 허락했다고 한다.

그래서 삼 일 후 4월 8일에 약혼식을 하자고 약속하였다. 부모님께 승낙을 받고 가족들이 함께 축하하는 약혼식을 하면 좋겠지만 지금은 그럴 여유가 없으니 우리 둘의 약혼을 먼저하고 나중에 가족들과 함께 약혼을 하자고 하였다. 약혼식은 그 당시 몇 번 출석한 적이 있던 동대문에 있는 순복음교회에서 목사님을 증인으로 약혼하자고 하였다. 비록 가족들에게 지금 설명할 형편은 못 되지만 불변의 절대자 앞에서 약혼을 하고 싶은 마음이었다. 목사님은 가족의 참석도 없는 약혼을 하는 것에 놀라셨지만, 순수한 약혼이라고 오히려 축복해 주셨다. 내가 반지를 두 개 준비하겠다고 했다. 반지를 살 돈이 없어 정완이에게서 돈을 빌려 한 돈짜리 금반지 한 개, 실반지 한 개를 구입하였다.

그런데 약혼식 전날 혹시 약혼식에 나타나지 않으면 어쩌나 싶어 발길을 돌려 이화여대를 찾아갔다. 여학생들이 나를 보고 수군거렸다. 최윤경 회원은 매우 흔들리고 있었다. 부모님께 말씀을 드리지도 않고 약혼을 하는 것이 마음에 걸린다는 것이었다. 옳은 말이다. 나는 최윤경 약혼녀에게 나의 진심을 드리기 위해 가족 상황조차 일부러 묻지 않았다. 분명히 훌륭한 가정에서 교육되었을 것이라는 개인적 판단과 설령 그렇지 않다고 해도 그에 구애되지 않겠다는 나의 다짐이었다. 오직 당신을 선택한다는 맹세의 의미가 있었다. 그래서 이런 생각이 났다. "당신이 나를 선택하면 부모님도 선택하는 것이 되지만, 부모님만을 선택하면 나를 선택하지 못하는 것이 되니 나를 선택해 주시오."라고 내 일생 최고의 명연설을 하였다. 이 말에 최윤경 회원은 안심을 하고 약혼식을 하게 되었다. 그렇게 최윤경 회원은 나의 약혼자가 되었고 평생 내 삶의 반려자가 되었다.

1년 후 KAIST에 합격한 후 제일 먼저 달려간 곳은 최윤경 약혼녀의 부모님께였다. 올해로 결혼한 지 40년이 되었다. 나이 90세 되신 장모님은 우리 집 건넌방에서 함께 사신다. 그 약속이 이루어진 것이다.

약혼 기간 동안 주중에 열심히 공부하며 학자금을 벌고 주말에 약혼녀를 만나는 생활의 기쁨은 무엇에도 비할 수 없는 행복 그 자체였다. 나는 완전한 행복을 얻었다. 사랑하는 사람이 있다는 것이 이렇게 힘이 되는구나. 사랑은 눈물의 씨앗이라고 하는데 나에게는 행복의 씨앗이었다. 이렇게 믿고 기다려 준 아내의 마음에 감동되어 나는 그녀에게 보답하고자 하는 마음으로 평생을 살아가게 되었다. 이 경험을 보면 사랑을 먼저 베푼 내 아내가 지혜로운 것이었다. 사랑을 받고자 하면 먼저 사랑하는 것이 비밀이었다. 진실한 사랑을 얻으려면 진실하게 사랑하여야 한다. 그런데 우리는 이 반대로 먼저 사랑받기를 기대하기 쉽다.

아무 조건에 매이지 않는 결혼이었기에 더욱 행복했다. 결혼 조건을 너무 의식하는 세대는 이 중요한 비밀을 놓치기 쉽다. 자신을 희생한 만큼 사랑의 깊이가 깊어지므로, 미리 존재하는 깊은 사랑을 찾을 수 있는 것이 아니다. 함께 만들어 가는 것이다. 사랑받는 것도 중요하지만 사랑하는 마음이 우리를 더욱 강하게 한다. 사랑은 삶의 에너지이다.

춘향전에서 타산을 넘어선 사랑의 크기의 예를 보게 된다. 오늘날 여성들이 보기에는 너무 답답한 순정파 성춘향. 약혼남 이몽룡의 금의환향을 눈이 빠지게 기다린다. 이몽룡의 과거 급제 가능성은 얼마나 되었을까? 과거 급제 후 다른 여자와 눈이 맞아 변심할 가능성은 얼마나 되었을까? 춘향이 몽룡을 기다린 것이 잘한 결정이었을까? 그런데 암행어사가 된 짓궂은 이몽룡은 감옥에 있는 춘향에게조차 자신의 신분을 감춘다. 실망한 춘향이 그날 밤에 목매어 죽었으면 어쩌려고 그랬을까 원망스럽기도 하다. 그러나 이것은 시험이었다. 춘향의 사랑의 깊이를 시험한 시험이었다. 그런데 춘향은 이 시험을 잘 이긴 것이다.

거지 행색으로 감옥을 찾은 몽룡에게 춘향이 더 이상 약속을 지킬 필요가 있었겠는가? 그러나 춘향에게는 타산을 뛰어넘는 사랑이 있었다. 그래서 오히려 어머니에게 몽룡을 잘 대해 주시라고 속 터지게 당부한다. 이런 춘향의 모습에서 몽룡은 무엇을 보았을까? 그 사랑의 크기를 확인한 몽룡은 얼마나 기뻤을까? 속으로 피눈물을 흘리면서 자신에 대한 사랑에 감사하지 않았을까? 무엇이 춘향에게 아깝겠는가? 춘향의 사랑의 크기가 몽룡의 사랑의 크기를 결정하게 된 것이다. 나는 권선징악의 고전을 좋아한다. 자신의 가치관도 정리되지 않은 저자들이 집필한 흥미 위주 소설의 얄팍함은 독자들의 영혼을 혼미하게 한다.

성춘향에게서 본 것과 같이 중요한 것은 배우자를 어떤 우선순위로 생각하느냐의 문제이다. 사회적 성공이나 재산보다 배우자와의 사랑을 더 소중하게 생각하면 진실한 사랑을 얻을 수 있고, 그렇지 않으면 자신이 지불한 대가에 해당하는 수준만큼의 사랑만 얻을 수 있다. 나는 선택의 기로에서게 되면 아내가 최우선인 것을 깨달았다. 아내에게 이렇게 대하니 사랑과 신뢰가 전해졌고 나도 그처럼 대접받으면서 살아가게 되었다. 이렇게 선택을 하지 않는 것은 너무나 아까운 기회를 놓치는 것이다. 불행히도 적지 않은 사람들이 이렇게 선택하지 않는 것은 안타까운 일이다.

아무리 견고해 보이던 사랑도 한순간에 물거품이 되게 하는 것은 순결의 신의를 저버리는 것이다. 그러므로 결혼 이후에는 절대 순결이 의무이자 행복의 절대 기반이다. 쾌락에 빠진 사회적 풍조가 만연할수록 이 비결을 잊어서는 안 된다. 철인같이 강해 보이는 전사도 세균에 의해 쓰러지듯이 로마의 멸망도 쾌락의 바이러스에 푸석푸석 무너져 버렸다. 그러므로 멸망되지 않기 위하여 자신을 지켜야 하는 것은 자명한 진리이다. 배우자 외의 누구와도 간음을 하거나 음란한 마음을 품고 대화를 해서도 안 된다. 배우자가 항상 곁에 있다고 생각하고, 내 눈빛도 보고 있다고 행동하면 이런 시험을 이길 수 있다. 쉽지 않지만 마음먹기 따라서 어려운 것도 아니고 기쁨이 더 크다.

우리나라의 음주 문화에는 너무나 유혹이 많다. 남자는 실수하기 쉽고, 젊은 여자는 돈에 현혹되어 윤락의 길로 빠지기 쉽다. 내 딸과 내 아내가 술집에서 웃음을 팔고 몸을 허락한다고 생각하면 피가 역류할 일이다. 그러나 술집에서는 쾌락을 함께 즐기기 위해 다른 사람의 딸을 희롱하는 일에 가책을 받지 않는 분위기가 우리 사회에 팽배해 있다. 이 이율배반적인 가치 체계에서 우리는 어떻게 해야 하나? 늦은 깨달음이었지만 호스티스가 있는 술집에는 가지 않는다. 아내와 딸에게 숨길 것이 없는 사람이 되고 싶다. 그 대가는 진정한 마음의 평화요, 가정의 평안이다. 항상 아내와 진솔한 대화를 할 수 있는 마음을 간직할 수 있게 되고, 그렇게 함께 살아갈 수 있다. 이 고귀한 가치를 버리고 추구하는 쾌락이 진정한 행복의 원천이 될 리가 없다. 다만, 집단 중독에 빠져 있어서 깨닫지 못하고 있을 뿐이다.

교수가 되니 제자들의 결혼 주례를 하지 않을 수 없게 되었다. 주례사를 준비할 때면 어쩔 수 없이 내 자신을 돌아보게 된다. 여러 차례의 경험을 통해서 주례사는 다음과 같은 요령으로 준비한다. 무엇보다 주례사는 짧아야 한다. 횡설수설하면 안 된다. 주례사는 신랑 신부에게만 하는 것이 아니라 하객을 위한 말씀이어야 한다.

주례사를 짧게 하기 위하여 신랑 신부를 미리 만나서 결혼을 위한 마음의 준비에 대한 대화와 훈계를 먼저 하는 것이 좋다. 결혼식 행사 준비에는 바쁘면서 정작 준비해야 할 마음의 준비에는 충분한 시간을 갖지 못하는 것 아닌지 돌아보아야 한다. 나는 신랑 신부에게 주례 조건을 요구하고 동의하지 않으면 주례를 서 주지 않는 것을 원칙으로 하고 있다. '헤어지지 않는 결혼'이란 약속 – 이혼이 허락되지 않는 결혼에 대한 다짐을 요구한다. 이혼이 너무 흔해졌기 때문이다. 내 주변에도 이혼하는 부부가 많고 사정을 알고 보면 이해가 가고 위로를 하게 된다. 그러나 이혼을 할 수 없다는 절대적 선언을 전제로 생활하면 부부에게 인내심이 생기고, 어려운 상황에서도 더 건설적인 해결 방법을 찾게 한다.

현대인은 너무 쉽게 이혼을 한다. 모두 행복을 찾기 위한 처절한 몸부림일 것이다. 물론 불가피한 경우도 있을 것이다. 이혼만큼 큰 고통도 없으므로 개인적으로 위로와 이해도 필요하다. 그러나 사회적 전염병처럼 만연한 사고방식 자체는 다른 차원의 문제이다. 자기 유익을 위해서 결혼한다는 결혼관과 불편해지면 이혼할 수 있다는 자기중심적 이혼관은 진정한 행복을 찾을 수 없는 잘못된 생각이다. 사회 전체가 미혹되고 있다. 우리는 이 수렁에서 분연히 벗어나야 한다. 각자의 사생활이란 이름으로 서로 인정하는 유혹의 늪에서 벗어나 어디에서도 대신할 수 없는 가정의 소중한 사랑을 지켜야 한다.

서구 문화에서 배울 점이 너무나 많다. 과학 기술, 시장 경제, 교육 제도, 연구 제도, 창업 제도, 자본 시장, 민주주의, 삼권 분립, 사회 보장 제도 등 우리에게 필요한 것을 많이 배워야 한다. 그러나 한 가지 배우지 말아야 할 것이 있다. 성적 문란과 쾌락이다. 동성애도 보장한다면 인류의 미래는 어떻게 되겠는가? 선진국 사람들이 그렇게 하니까 괜찮아 보인다. 그러고도 우리보다 더 잘살지 않는가 싶어 보인다. 그러나 그렇지 않다. 그들은 서서히 죽어 가고 있는 자신의 죽음의 병을 진통제로 망각하고 있을 뿐이다.

쾌락을 위해서는 서로 용인해 주기로 한 암묵적 합의. 그로 인한 가정 파괴, 사랑에 굶주린 자녀, 무서운 고독, 사회적 범죄, 우울증과 자살. 이 악순환이 서구가 멸망하는 근본적 원인이 될 것이다. '가족 구조의 다원화'란 요상한 이름의 시대가 다가온다는 미래학자들의 가벼운 생각은 단기적 진실일 뿐이다. 그 이후에 찾아올 긴 파멸을 생각해야 한다. 우리는 이런 나쁜 문화를 본받지 말고 도덕성을 지켜 싱싱한 나무처럼 살아가야 한다. 사람이 성적으로 타락하면 그의 영혼 자체가 흐트러진다. 마치 맑은 물동이에 세균 한 방울 떨어지면 시간이 지나면서 물동이 전체가 오염되고 마는 것과 같다. 지혜는 사라져 버리고 분별력도 없어진다. 소중한 진실한 사랑을 얻는 길도 당연히 없어진다. 진실한 사랑을 얻기 위해 이 정도의 쾌락을 포기하는 것이 당연히 탁월한 선택이다. 훨씬 더 크고 진정한 기쁨을 얻을 수 있으니 말이다.

우리말에는 '사랑'을 한 단어로만 표현하지만 그리스 어에서는 사랑의 종류에 따라 에로스(Eros), 필로스(Philos), 아가페(Agape)의 사랑으로 나눈다. 청년기의 사랑은 육체적 욕망이 동력이 되는 꽃과 나비의 사랑이다. 에로스의 사랑은 큰 축복이다. 그러나 에로스의 사랑은 칼과 같아서 도덕성과 상관없이 우리를 유혹한다. 그러므로 에로스의 사랑만으로는 오래가는 사랑을 유지할 재간이 없다. 에로스 사랑의 감정이 기준이 되면 이혼은 너무나 쉽게 찾아온다.

꼭 같은 애정의 나눔이지만 도덕적인 관계이면 사랑의 원천이 되고, 그렇지 않으면 죄악이요 씻어지지 않은 마음의 죄책감이 된다. 그 죄책감은 미리 깨달아 지지 않아 나중에 후회하게 되므로, 작은 첫 실수의 죄책감을 예방 주사 삼아 더 큰 실수가 반복되지 않게 해야 한다.

하나님의 사랑이나 부모님의 사랑 같은 아가페의 사랑은 배우자가 어려울 때 더 깊어진다. 그런데 아가페의 사랑은 저절로 생겨나지 않는다. 아가페적 사랑을 먼저 받아서 자신에게 내재되어 있어야 나눌 수 있는 사랑이다. 그러므로 절대자의 사랑을 품고 있을 때만 가능한 사랑이다. 다행히 나는 하나님의 사랑을 품고 있기에 이제는 늙어 버린 아내를 젊을 때처럼 사랑할 수 있다. 아내도 젊을 때보다 더 사랑스러운 내면으로 채워졌다. 나는 항상 제 성깔을 이기지 못하는 거친 존재이지만 이 사랑이 나를 지배하고 있기 때문에 아내는 나의 많은 결함을 용납할 수 있다. 완전하지 않지만 매일 세수를 하듯이 그 목표를 향하여 항상 자신을 씻으면, 오히려 더 신선한 나날을 맞이하는 기쁨이 있다.

서울 홍릉지역에 위치한 KAIST 경영대학 캠퍼스에는 소박한 교수 아파트가 있다. 아파트 정원 작은 텃밭에 국화 꽃을 세 그루를 심었다. 가을 국화꽃이 아름답게 피었다. 그러나 찬 이슬이 내려오면 어김없이 시든다. 나도 아내도 이 국화꽃과 같은 인생이다. 그러나 시든 이 국화꽃을 보며 아내를 생각한다. 이 마음이 우리를 정말 행복하게 하는 행복 방정식의 내적 조건의 절대 요소임을 깨닫는다. 이 평범한 비밀을 우리 후손들이 잊지 않고 모두 진정한 행복을 얻으면 좋겠다.


정든 국화


겨우내 잎 떨어진 국화꽃 자리
새봄에 세 다발 싹을 피웠다


여름내 잘 자란 키
태풍 맞아 쓰러졌다

버팀목 기댄 가을

국화꽃 세 다발, 꽃을 피웠다

노란색 둘, 보라색 하나


아침에 집 나갈 때

잘 잤니 어루만지면

꽃들이 화음 맞춰 노래를 한다

노란빛 메조소프라노

보랏빛 바리톤


가을비 흠뻑 젖어

머리 무게 못 이겨

또 쓰러졌다

빗물 털고 다시 세웠다


겨울 찬 공기에 꽃잎이 시든다

반은 흙으로 변한 네 꽃잎

내 백발 닮았다


이웃 꽃집에 참 예쁜 국화꽃이 있다

그러나 나는 그 꽃을 사지 못한다

네가 서운할까 봐

네 꽃잎 시든 줄만 알았는데
그 아래 씨앗 여물었구나

9

기다려야
할 때

1973년 3월 한국과학원(KAIS)에 입학하였다. 항상 수석을 하던 윤기준은 화학공학과에 같이 입학을 하였고, 대학에서 산업공학을 같이 공부하던 친구 네 명이 함께 입학을 하였으니 훗날 KAIST 교수가 된 박성주, 최병규가 동급생이었다. KAIS에서는 학자금을 지원해 주었기 때문에 가정 교사를 하지 않고 공부만 하면 되니 너무 좋았다. 더구나 약혼까지 했으니 행복의 조건을 다 갖추었다고 해도 과언이 아니었다. 그러나 KAIS에서의 학창 시절에는 새로운 연단이 나를 기다리고 있었다.

서울 홍릉지역의 임업 시험장 자리에 자리 잡은 KAIS는 6개 학과 8개 전공 106명을 1회생으로 선발하였다. 기계공학과, 수학 및 물리학과, 재료공학과, 전기 및 전자공학과, 화학 및 화학공학과 그리고 산업공학과에 탁월한 인재들이 선발되었다. 초기에는 석사 과정만 먼저 개설하였다. KAIS는 1980년에 한국과학기술연구소(KIST)와 통합하면서 한국과학기술원(KAIST – Korea Advanced Institute of Science and Technology)으로 개명하였지만, 1989년 KAIST가 대전으로 이전하면서, KIST는 현 위치에 분리하여 남게 되었고, KAIST의 홍릉 캠퍼스에는 경영대학이 운영되고 있다.

홍릉 캠퍼스에 처음 지은 건물이 소정사라 이름 지어진 기숙사이었고, 행정동인 1호관과 강의동인 2호관이 이어서 건설되었다. 그런데 1기생을 선발한 3월에는 소정사 건물밖에 없어서 1기생의 개학은 한 학기 늦추어 9월에 시작하였다. 1기생들에게는 모든 것이 새것이었다. 나는 소정사 3층 W32호 실에 배정받았는데 내 룸메이트는 공군사관학교를 수석 졸업한 김대욱 대위였다. 그가 훗날 공군 참모 총장이 될 줄을 어찌 알았으랴.

그 당시 우리나라는 대학원 교육이 제대로 성립되지 못했기 때문에 KAIST가 대학원 교육의 선도 역할을 하였다. 입학식 날은 수업을 하지 않는 것으로 알았는데 KAIST에서는 입학식 날 수업을 다 하여서 긴장감을 갖게 되었다. 수업도 시간을 다 채우지 않고 여유 있게 끝나는 것이 대학의 관례였는데, KAIST에서는 시간을 꼭 다 채웠다. 휴강은 반드시 보강을 하였다. 우리는 달라진 학교 생활에 적응하느라 힘들었지만 초기 교수님들께서 심으신 전통은 KAIST의 전통이 되어 40년이 지난 오늘까지 이어지고 있다. 해병대나 특전사 출신들은 고된 훈련을 극복했기 때문에 생기는 긍지가 있다. KAIST 졸업생들도 함께 고생하는 가운데 그런 긍지가 생기는 것 같았다.

산업공학과에는 초기에 이남기 교수님, 배도선 교수님과 외국인 교수님 몇 분이 가르치셨는데 영어로 강의를 듣는 것은 쉽지 않았지만 소중한 훈련이 되었다. 중학교 시절 한 단어씩 익히기 시작한 영어 단어가 이제는 강의를 듣고 질문을 해야 하는 단계가 되었다. 지금은 KAIST의 대부분 과목을 영어로 강의하게 되었지만 그 당시로는 파격적인 교육 환경이었다.

첫 학기 말 12월, 아버지께서 위독하시다는 연락을 받았다. 급히 대구로 내려갔지만 아버지는 이미 세상을 떠나셨다. 아버지는 학기 중에 내가 대구에 갈 리가 없는데도 동구 밖에서 나를 기다리시곤 하셨다.

"아버지, 왜 그러세요. 제가 올 리가 없잖아요."

나는 퉁명스레 아버지의 불필요한 행동을 나무랐다. 아버지의 편지도 별 용건이 없었다. 내가 적은 금액이라도 송금해 드렸으면 잘 받으셨는지 확인을 해 주셔야 하는데, 그런 말씀은 없고 네가 보고 싶어서 대문 앞에서 기다렸다는 한가한 말씀만 하셨다. 그러나 나를 보고 싶은 것이 아버지에게 가장 큰 용건이었던 것을 오랜 훗날 깨닫고 눈시울이 뜨거워진다.

아버지는 내가 유치원 다닐 때 나와 화투 놀이를 하셨다. 아버지는 내게 판돈을 먼저 주시었다. 그러고는 나와 돈 내기 화투 놀이를 하시는 것이다. 내가 아무래도 이익인데 아버지는 잘 모르시는 것 같았다. 화투 놀이를 하면 내가 어김없이 이겼다. 판돈도 그냥 받고 놀이에서도 이겨서 또 돈을 땄으니 나는 신이 났다. 내가 화투 놀이의 신동인 것 같았다. 훗날 딸과 씨름을 하면서 아버지가 놀아 주신 그 사랑이 깨달아져 아버지가 그리워진다.

초라한 장례를 치르고 학교로 돌아왔다. 박성주 친구는 먼 길을 마다 않고 찾아와 위로해 주었다. 그런데 한 달쯤 후에 어머니께서 쓰러지셨다는 연락이 왔다. 아버지와 두 분이 지내시던 방을 오래 비워 두셨다가 연탄불을 피우셔서 연탄가스 중독이 되신 것이었다. 급히 대구에 내려가니 형님들과 누나가 누워 계신 어머니 곁을 둘러앉아 있었다. 항상 내가 가면 "막내야"라고 다정하게 부르시던 어머니가 나를 알아 보지도 못하시고 눈도 뜨지 않으셨다. 너무 슬퍼서 어머니 다리를 쓰다듬으면서 "엄마, 내가 살려 드릴게." 다짐을 했다.

연탄가스 중독에는 묘책이 없었지만 서울로 어머니를 모시고 올라왔다. 여관방과 친척 집을 전전긍긍하면서 병원을 모시고 다녔는데 그렇게 지속할 수는 없었다. 그래서 나의 약혼녀에게 다시 염치없는 제안을 하게 되었다.

"어머니를 모셔야 하니 지금 어려울 때 와서 도와주십시오."

이런 끔찍한 부탁을 듣고 도망을 하고 싶었을 것이다. 그런데 어리석은 최윤경은 그렇게 하자고 했다. 내가 석사 졸업을 하고 직장을 구한 후에 결혼하자는 것이 우리의 계획이었지만 그렇게 되지 않았다. 그 당시 윤경은 대학을 졸업하고 사서로 근무를 시작하였는데 나의 학자금과 그녀의 봉급을 합치면 두 칸 방 월세를 얻어서 기초 생활은 할 수가 있었다. 다행히 윤경의 부모님도 기왕 할 결혼이면 힘들 때 가서 도와주라고 승낙해 주셨다. 그런데 어머니의 병환이 26년이 계속될 줄 알았다면 결혼하자고 말하지도 못했을 것이다.

당시 윤경은 명동성당을 출석하고 있었는데 명동성당에서 결혼식을 하고자 빈 시간을 알아보니 몇 주 후인 4월 19일 오후 4시의 시간이 비어 있었다. 그런데 성당에서 결혼을 하려면 나도 가톨릭 교육을 받고 영세(가톨릭에서는 세례를 영세라고 부른다.)를 받는다는 약속을 해야 했다. 이에 동의하고 결혼식 날을 정했다. 결혼반지는 있어야 하겠기에 2년 전 약혼식 때 산 한 돈 금반지를 팔아 반 돈짜리 하나, 1/4돈짜리 하나를 구입하였다. 혼수를 주고받는 것은 모두 생략하고 함께 20만 원을 만들어서 결혼 비용을 공동으로 충당하기로 하였다. 그런 초긴축 예산 중에서도 윤경은 결혼 드레스는 빌리지 않고 간직하고 싶다고 해서 구입하였다.

결혼을 축하받을 만한 여건이 아니었지만 우리는 결혼을 하게 된 것이 너무 좋았다. 사랑하는 사람과 함께 살 수 있으니까. 홍릉에 있는 한옥 문간방 두 개를 월세로 구하였다. 간단한 찬장에 냄비만 있으면 살림을 시작할 수 있는 것이 그 시절의 신혼살림이었다. KAIST 친구들 중에 제일 먼저 결혼을 하게 되니 친구들이 많이 찾아 주어서 결혼식은 성황이었다. 다만, 우리가 그분들에게 제대로 대접을 하지 못한 것이 미안했다.

결혼식을 마치고 친구들의 짓궂은 환송을 받으며 예약 없이 충무로에 있던 유신고속 터미널을 향해 갔다. 그 당시 온양 온천행 고속버스가 출발하는 곳이었다. 온양행 버스를 타고 정처 없이 떠났지만 우리는 마냥 즐거웠다. 온양에 도착하여 어느 여관에 들어가서 첫날밤을 보내고, 다음 날은 대천 앞바다에서 일박을 하고 현충사도 구경하고 학교로 돌아왔다. 한창 학기 중이라 친구들은 열심히 공부하고 있는데 나는 신혼여행을 즐기고 온 것이다. 신혼여행에서 돌아오는 날 월셋집에 입주할 수 없어서 아내는 친정으로 가고 나는 기숙사로 돌아왔다. 한 달 후에 신혼집으로 이사하여 어머니를 모셔 왔다.

나는 행복한 신혼을 한 달 보내며 친구들의 축하를 받고 즐거워했다. 그런데 두 달째 되면서 아내가 입덧을 하기 시작했다. 졸업 후에 아이를 가지기를 기대했는데 임신을 한 것이었다. 그런데 입덧이 너무 심해서 친정으로 돌아가서 간병을 받아야 했다. 어머니를 모시겠다는 계획은 엉망이 되었다. 다행히 마산에서 교사를 하시던 둘째 형님이 어머니를 모시겠다고 서울로 전근을 오셨다. 어머니를 모시겠다고 시작한 결혼 계획이었지만, 외동딸 보람이를 얻는 결과만 가져왔다. 아내는 염치없지만 친정으로 돌아갔고, 나는 기숙사로 돌아왔다. 이 시련의 날들이 끝날 때까지 기다려야만 하는 하루하루였다.

또 다시 초등학교 2학년 시절 개울을 건너는 시간이 되었다. 내 뜻과 상관없이 다가온 아버지의 죽음, 어머니의 병환, 준비가 되지 못한 시점의 딸의 출생. 저항할 수 없는 물살에 나는 둥둥 떠내려가고 있었다. 어디로 가는지 알 수도 없이 기다려야만 하는 때였다. 대학 2학년 2학기에는 모두 F였지만, KAIST 1학년 2학기는 모두 B 학점을 받았으니 대학원생으로는 실패한 학기였다. 이듬해 1975년 1월 24일 사랑하는 딸 보람이가 이 땅에 태어났다. 보람이는 나의 외동딸이 되었고 내가 졸업하는 8월에는 내 품에 안겨 사진을 찍었다. 내 나이 25세였다.

나의 관심사는 졸업하여 가족이 같이 살 수 있는 집을 마련하는 것에 집중되어 있었다. 그렇게 찾아간 곳이 당시 유명한 동명목재의 계열사로 부산에 위치한 동명산업이었다. KAIST 1기 졸업생 4명이 특별 채용 되었는데 다행히 숙소를 제공해 주셔서 어머니, 아내, 딸과 함께 부산의 재송동으로 이사 가게 되었다. 훗날 KAIST 교수로 부임한 강석중,

도영규, 박규호, 박준택, 양동열, 우성일, 황규영 친구들과 함께 노란색 후드를 쓰고 석사 졸업식을 축하하며 각자의 길로 헤어졌다. 우리에게는 3년간 국내 기관에서 복무하는 의무가 주어졌다. 성주는 예외적으로 교수님의 추천으로 유학을 간다고 하는데 나는 그런 계획을 생각해 볼 겨를도 없었다. 병규는 숭실대학교 전임 강사로 부임하였다. 우리는 바다로 떠나가는 어린 연어들처럼 그렇게 헤어져 각자의 길로 갔다.

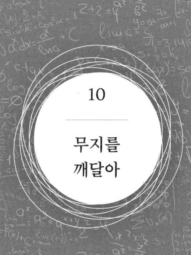

10

무지를
깨달아

칭찬은 고래도 춤추게 한다고 한다. 그러나 우리를 훈련시키는 것은 칭찬만이 아니다. 무지를 깨닫는 것이 우리를 더 높은 곳으로 향하게 한다. KAIST 졸업생으로 긍지를 가지고 교육받은 나는 그동안 공부한 산업공학으로 우리나라 산업에 기여하고자 하였다. 학위 논문은 최적 생산 일정 계획을 수립하는 모형을 세우는 것이었다. 에어컨이나 난방 기기와 같이 수요의 계절 변동이 있는 경우 재고를 최소화하면서도 고객에게 결품이 생기지 않게 일정 계획을 세우는 방법을 연구하였다. 그런데 기업에서 필요한 지식과 업무는 내가 상상한 것보다 엄청나게 넓고 많아서 내가 아는 지식은 빙산의 일각에도 미치지 못함을 깨닫게 되었다.

1975년에는 허허벌판에 창원 공단의 중앙 도로가 건설되고 있었고, 합판 산업이 우리나라의 제1 수출 품목이었다. 그 당시 사업을 하려면 기술을 도입해야 했고, 자금은 정부의 국민 투자 기금이나 외국 차관을 이용해야 했다. 나는 지게차(Folk Lift) 사업 기획을 검토하게 되었는데 일본 회사에서 기술 도입을 하려면 일본어를 알아야 했다. 지게차의 기계적 전기적 특성에 대해서도 공부해야 했다. 설계 도면도 읽을 수 있어야 했고, 제조 공정도 알아야 하고, 공장 배치를 기획하고, 경쟁사를 분석해야 하고, 시장과 수익성도 파악해야 했다. 내가 아는 것과 할 수 있는 것은 너무 적었다. 생산기계공학과에서 그나마 2년간 배운 기계공학이 공장의 설비를 이해하는 데 도움이 되었다. 나는 안전모를 쓴 산업 역군이 그렇게 멋있어 보여서 창원 공단에서 근무하는 것을 자원하였다. 다른 사람은 기피하는 자리를 나는 자원했던 셈이다.

회사에는 여러 부서가 있었는데 영업부서에서는 판매 실적을 올리느라 분주하였고, 재무 부서는 필요한 자금을 확보하고, 경리 부서는 금전 출납과 회계 장부를 정리하고 세금 계산을 하였고, 총무 부서는 각종 계약을 맡았고, 구매 부서는 각종 자재를 구매하였다. 인사 부서는 직원을 고용하고 봉급을 주고 승진 심사를 총괄하였다. 생산 공장에선 설계팀, 생산팀, 시설 유지 보수팀이 있었다. 그리고 전산팀에서는 데이터 처리를 위한 프로그램을 개발하고 있었는데, 항상 에어컨이 시원하게 틀어져 있었고 공기도 깨끗하게 유지된 환경에서 일하고 있었다. 나는 신사업을 기획하는 기획팀에 배치되었다가 상무실에 대리로 배정되었다. 막상 현장에 투입되니 기업 경영에 필요한 지식이 너무나 많은 것을 깨닫고 공부를 더 해야겠다는 생각이 들었다.

상무님은 전문대학 교수를 하시다가 특별히 임용된 유능한 엔지니어 출신이었다. 그런데 전무님은 회장의 아들로서 후계자로 주목을 받고 있었다. 어느 날 상무님이 얼굴이 벌겋게 달아올라서 전무실에서 돌아오셨다. 나이 많으신 상무님이 젊은 후계자에게 크게 모욕을 당하셨던 것이다. 내가 참고 근무해서 상무가 되는 것이 꿈인데 나의 미래가 저 모습인가 참담한 마음이 들었다. 얼마 후 전무님의 아들이 태어났다. 그는 내가 모셔야 할 다음 후계자일 것이다. 생각이 여기에 미치자 미래의 희망이 완전히 사라져 버렸다.

기업 지배 구조가 기업의 성과에 영향을 미치는 연구들을 한다. 기업의 소유자가 경영자를 겸하게 되면 일관성이 있지만 내가 느꼈던 바와 같은 주인 의식의 박탈로 인한 절망감을 주게 되는 것은 바람직하지 못하다. 대학 시절 어려움은 현실의 어려움이었지만, 회사에서 느낀 것같이 미래에 대한 절망감은 아니어서 견딜 수 있었다. 그러나 미래에 대한 절망감은 인내할 수 있는 동력을 완전히 상실하게 하였다. 그래서 대학교수의 자리를 알아보게 되었다. 그 당시 석사 학위만으로도 대학의 전임 강사 자리를 구할 수 있었으니 우리나라의 지적 역량이 부족한 시절이었다. 나에게 기회가 주어진 대학은 대구에 위치한 계명대학교였다.

계명대학교에 전임 강사로 오니 박사 학위를 위한 유학이 필수 요건임을 깨닫게 되었다. 당시에는 국내 대학의 박사 교육 여건이 성숙되지 못했다. 유학을 위해 TOEFL, GRE, GMAT 시험을 치르고 입학 원서를 제출하여야 했다. 나는 산업공학을 계속 공부해야 할지 경영정보학을 공부하기 위하여 경영대학을 진학해야 할지 고심하였다. 그런데 영어 성적도 희망하는 수준에 미치지 못하였고, 정부에서 IBRD 차관으로 마련한 경영학 분야 국비 장학생 시험에서도 선발되지 못하였다. 면접관이셨던 곽수일 교수님께서 내게 질문을 하셨다.

"회귀 분석 모델의 가정이 무엇인가? Cost of Capital의 개념이 무엇인가? 연구 계획을 영어로 말해 보라."

나는 제대로 답변하지 못하였다. 나의 연구 목적은 박사를 따서 교수가 되는 것이었지 구체적 연구를 하기 위한 계획이 없었으므로 제대로 답변하지 못한 것은 당연한 귀결이었다. 온몸에 종기가 났다. 스트레스를 너무 많이 받은 것이다.

이런 와중에 나를 구해 준 것은 풀브라이트 장학금이었다. 다행히 풀브라이트 장학생에 선발되어 South Carolina에 있는 Clemson University로 입학 허가와 연구 장학생의 기회가 주어졌다. 나에게 주어진 유일한 기회였다. 계명대학교에 온 지 3년째 되는 1979년 겨울이었다. 이 무렵 고등학교 동기생들도 유학을 떠났다. 윤기준은 펜실베이니아 주립대학교 박사 과정으로 먼저 유학을 떠났고, 영남대학교 교수로 있던 이제민은 하버드대학 경제학부 박사 과정에 진학하였다. 해군 장교를 제대한 제독 같은 친구 오형식은 스탠퍼드대학으로 떠났다. 이 낙심되고 방황하던 시절에 내가 감사해야 할 이유는 무엇이었을까?


감사하라

계획조차 세울 수도 없이 낙망될 때
님께 감사하라
님의 계획을 볼 때이다

가야 할 길을 모를 때
님께 감사하라
님의 인도하심을 깨달을 때이다

자신의 무지함에 절망할 때
님께 감사하라
님의 지혜의 광대하심에
우리 지혜 담글 때이다

마음이 조급해질 때
님께 감사하라
님의 평강이

우리 마음의 평안이 될 때이다

지나치게 바쁠 때
님께 감사하라
님의 고요한 마음으로
포기함을 배울 때이다

2부
—
지식 그 너머의
세계로

11

안고 옮긴
발자국

해외여행이라고는 처음 떠나 보는 미국행 밤 비행기에 몸을 실었다. 1980년 1월 6일 개학 일자에 맞추어 나만 먼저 출발하였다. 조국에서는 12.12 사태로 위기가 고조되고 있었지만 우리는 자초지종을 알지 못하였다. 비행기를 타고 하늘을 나는 것도 감격스러웠지만 하늘에서 신선처럼 따뜻한 밥을 먹는다는 것이 몹시 황송하였다. 나이 30세에 해외여행을 처음 떠난다면 지금 시대에는 원시인이라고 해야 할 것이다. 미국이 아름답다는데 소문난 잔치 먹을 것 없다지 않는가 생각하였다.

Clemson University는 미국 동남쪽 대서양에 인접한 South Carolina의 클렘슨(Clemson)이란 대학 도시에 있는 학교로 국제 공항은 근처에 있는 Greenville이란 도시에 있었다. 로스앤젤레스에서 비행기를 갈아타고 Greenville에 도착하니 어두운 새벽이었다. 대학의 게스트하우스를 예약해 두고 택시도 예약해 두고 떠났다. 그런데 공항에서 나를 맞이하는 택시는 승용차가 아니고 밴이었다. 한국에서는 보지 못한 밴이어서 불안감이 생겼다. 택시는 공항에서 도시로 들어갈 줄 알았는데 고속 도로를 한 시간 이상이나 달려갔다. 한국에서 예상할 수 없던 일로 나를 납치하는 것은 아닌지 불안했다. 그렇게 달려서 아직 어두움이 가시지 않는 게스트하우스에 도착하여 안도하였다. 그런데 건너편을 바라

보니 건물은 저 멀리 보이고 빈터가 어렴풋이 보였다. 아침 해가 돋아서 다시 보니 그곳은 잔디밭이었다. 한국에서는 볼 수 없었던 내 상상을 넘어서는 넓은 잔디밭에 깜짝 놀랐다. 한국에서는 작은 잔디밭에 '잔디를 밟지 마시오'란 안내판만 보았는데 미국에서는 넓은 잔디밭에서 학생들이 공놀이를 하고 있었다. 그 뒤에 펼쳐진 아름다운 캠퍼스. 그렇게 여유롭고 아름다울 수가 없었다. 과연 미국이구나. 아름다움과 크기에 감탄한 미국과의 첫 만남이었다. 미국이 다 이런가 보구나 생각했는데 그런 것은 아닌 것을 나중에 알게 되었다. 대학 도시의 아름다움을 잘 간직한 캠퍼스였다.

클렘슨에서 만난 교수님들은 너무나 해박하고 열심히 강의를 하셨다. Wallenius 교수는 통계학의 Linear Model이란 회귀 분석 방법과 시계열 분석을 강의하였는데 그 명쾌함은 존경심을 자아내었다. 모든 통계적 예측 모델의 기본이 되는 내용이었다. 이 내용을 배우고 나니 국비 장학생 선발 시험에서 곽수일 교수님께서 물어보신 질문도 이제는 대답할 수 있겠다는 생각이 들었다. 계량경제학 과목을 강의하신 Wormer 교수의 강의도 아주 인상적이었는데 계량경제학의 머리말은 나의 가슴을 설레게 하였다. 경제 이론과 현실을 연결하는 학문이 계량경제학이라는 것이다. 현실을 무시한 탁상공론은 믿을 수 없고, 이론 없이는 현실을 바라볼 수 있

는 안목이 없으니 이론과 현실을 융합하는 학문이 얼마나 기
대되는 학문인가?

나의 지도 교수가 되신 Thomas 교수는 공군 장교 출신
으로 미국 공군에서 큰 프로젝트를 유치하시어 나는 그 과제
에 참여하였다. 항공기의 설계적 특성과 유지 비용과의 상관
관계를 추정하여 항공기 설계 시점에 유지 비용을 미리 추
정하여 데이터베이스에 저장하는 시스템을 개발하는 과제였
다. 설계 시점에 미리 유지 보수 비용을 감안하는 혜안이 돋
보였다. 건물만 지어 놓고 유지 보수 예산을 주지 않는 우리
나라 행정 관행이 본받아야 할 시스템이었다. 안전을 고려한
다면 설계 시점부터 미리 고려하고, 유지 관리 예산을 적절
하게 배정해야 한다는 교훈을 주는 과제였다.

나의 월급은 550달러였는데 550대 1이던 환율이 갑자
기 800대 1로 올라가서 한화로는 월급 44만 원 수준이 되어
한국의 조교수 봉급 수준이 되었다. 그런데 한국의 재용 형
에게 맡기고 온 원화 가치는 공중으로 날아가 버렸다. 기혼
자 학생 아파트는 연립 주택 식으로 지어졌는데 넓은 잔디밭
에 지어져 한국에서는 미8군 장교 숙소에서나 볼 수 있는 아
름다운 정경이었다. 뒤뜰에서 아내와 프리스비를 던지면서
놀고, 5살 난 보람이는 공차기를 하며 놀 수도 있는 넓은 뒤
뜰이 있었다. 식료품을 파는 마트는 오늘날 우리나라의 마트

와 같은 시설을 그 당시 이미 갖추고 있었으니, 호객하는 백화점과 재래시장만 보던 나로서는 천국이 따로 없다 싶었다.

준비 없이 갑자기 떠나온 나는 실수를 연발하였는데, 미안한 마음을 지금도 금치 못하겠다. 운전면허도 없이 미국을 왔으니 누군가 운전을 가르쳐 주고 면허 시험장에도 데려다 주어야 했다. 내가 재용 형을 닮아서 "혹시 형님이 이재용 선배 아닙니까?"라고 나를 첫눈에 알아보신 덕분에 곽성희 선배님께는 염치없이 많은 신세를 졌다. 나는 형과 그렇게 못생긴 것이 많이 닮았다.

500달러를 주고 10년 된 8기통 포드 승용차를 구입하였는데 엄청나게 위풍당당한 흰색 자동차였다. 8기통 차는 한국에서는 회장님도 타기 어려운데 이 당시 오일 쇼크로 큰 차량은 인기가 없어서 싸게 판매되고 있었다. 그런데 감격스러운 8기통이 고장이 났다. 같은 연구실에 있던 인도 출신 유학생이 "Oil을 넣었냐?"고 묻기에 오일을 넣지 않으면 차가 어떻게 가겠냐고 당연히 넣었다고 했다. 그러자 "Gasoline 말고 Oil을 넣었냐?"고 다시 물었다. 그래서 Oil에서 Gasoline을 생산한 것 아니냐고 대답하였으니 얼마나 무식한 내 모습이었던가. Engine Oil은 윤활유를 뜻하는 것인지도 몰랐던 것이다. 그 친구는 우리 집에 찾아와서 차 밑으로 들어가서 필터를 교체해 주고 엔진 오일도 채워 주었다. 이외에도 나의 문화적 차이로 말미암아 폐를 끼친 것은 이루 다 말할 수 없다. 개도국에서 찾아온 학생들에게는 이런 정도는 마음의 여유를 가지고 대해야 할 것 같다.

550달러로는 생활비가 너무 빠듯하여 아내는 중국 식당에서 접시 치워 주는 일을 하였다. 간혹 음식을 싸 왔는데 맛있기도 했지만 목이 메어 넘어가지 않는 음식은 처음 체험하였다. 내 딸 보람이는 유치원을 다녔는데 훗날 동시 통역사가 될 훈련을 자신도 모르게 쌓기 시작하고 있었다. 나는 자전거를 사서 학교에 통학을 하였다. 이곳에서 만난 분들은 모두 친절하고 감사한 분들이었다. 클렘슨에서의 생활은 아주 행복하였고 공부도 재미있었다. 그런데 나의 마음을 흔들어 놓는 것은 친구들의 전화였다. 친구들이 나를 다시 빚기 시작하였다.

하버드 경제학부의 제민이와 스탠퍼드의 공업경제학부의 형식이와 안부 전화를 했다. 그런데 그들과의 대화에서 '클렘슨에서 무엇을 배울 것이 있겠는가?'라는 느낌을 받았다. 그들은 그런 무례한 표현을 절대 하지 않았지만 나는 그런 느낌을 받았다. 내 자격지심이었을 것이다. 이로 인해 명문 대학에 대한 동경심이 간절히 생겼다. 생활비를 감당할 수 없다는 것을 뻔히 알면서도 말이다. 전학하려면 다시 입학 지원을 해야 하고 이곳에서 만난 교수들의 추천서를 받아야 할 것이고, 그렇게 되면 이곳에서의 장학금을 포기할 수밖에 없는 위험한 선택을 해야 하는 상황이었다. 이런 위험 부담을 안고서도 새로운 입학 지원을 해야 할 것인지 판단하기가 매우 어려웠다. 실패하면 클렘슨에서마저 쫓겨날 처지가 된다. 이때 나는 처음으로 하나님께 간절한 기도를 드리게 되었다.

"어떻게 해야 합니까? 하나님."

기도를 드리려니 기도할 장소가 필요했다. 라면 박스를 엎어 놓고 흰 천을 덮어 성경책을 올려놓을 수 있는 기도대를 만들고, 벽에 십자가를 걸었다.

"하나님, 명문 대학으로 가고 싶은데 가도 되겠습니까?"

나는 하나님께 응답을 듣는 기도를 해 본 적이 없었다. 그런데 허영심이 가득한 기도였지만 "가라. 내가 함께 가리라."는 말씀을 들었다는 믿음이 왔다. 기도는 자기 최면일 수도 있기 때문에 응답의 해석을 신중하게 해야 한다. 그러나 이 응답은 하나님께서 주신 말씀이라는 믿음이 들었고, 이것이 하나님의 음성이란 사실을 나중에 확신할 수 있었다.

나는 저축이라고는 한 푼도 없었다. 단발 비행기 같은 외줄타기 인생이었다. 그렇지만 기왕 전학을 하려면 제일 좋다고 소문난 학교로 가는 것이 좋겠다고 생각되어 여섯 곳을 선택하여 입학 원서를 제출하였다. 모두 엄청나게 학자금이

비싼 학교들이었다. 클렘슨에서 알게 된 교수님들께 염치없지만 추천서를 부탁드렸다.

10월경에 지원서를 제출하고 다음해 1월부터 결과를 기다렸다. 매일 우편함을 보는 마음은 녹는 것 같았다. 차례대로 회신이 왔다. 다섯 개 학교에서 차례대로 모두 입학허가도 나지 않았다. "I regret…"으로 시작하는 편지를 받으면 주저앉고 싶었다. 마지막 남은 학교는 University of Pennsylvania의 The Wharton School뿐이었다. Joseph Wharton이란 분이 100년 전에 기금을 내어 설립한 세계 최초의 경영대학이었다. 이 학교에서 나를 받을 이유가 없으니 나는 사실상 포기할 수밖에 없었다. 대학 입학시험을 친 후 발표도 나기 전에 포기할 수밖에 없었던 상황이 다시 재현되고 있었다. 그런데 뜻밖에 Wharton School에서 입학 허가가 났다는 편지가 왔다. 말할 수 없이 좋았지만 장학금 결정은 나중에 알려 준다고 했다. 등록금은 감당할 수 없이 비쌌고, 기혼자 학생 아파트는 클렘슨에서는 80달러인데 필라델피아(Philadelphia)에서는 550달러라고 하니 감당할 방법이 전혀 없었다.

며칠 후 장학금에 대한 소식이 왔다. 그런데 뜻밖에 이변이 일어났다. 대학교 입학시험에서 장학금을 받은 것이 이해되지 않았던 것 같은 일이 또 일어났다. Fellowship 장학생으로 선발되었다는 것이다. 보통 강의 조교(Teaching Assistance)나 연구 조교(Research Assistant) 장학생이 주어지는데 Fellowship은 아주 극소수에게 주어지는 특별한 장학금이었다. 나는 어안이 벙벙하여 싱글벙글했다.

"하나님, 감사합니다. 제가 자격이 없는데도⋯⋯."

다른 대학에서는 입학 허가도 나지 않은 나에게 어떻게 Fellowship 장학금이 주어졌는지 불가사의였다. 그 이유를 나중에 알게 되었는데 단순히 행운이라고 절대 말할 수 없었고, 하나님의 은혜라고 고백하지 않을 수 없어 나는 무릎을 꿇었다. "내가 잘해서 된 것이 아니고, 하나님께서 약속대로 인도해 주셨구나."라는 생각을 가슴 저리게 느낄 수밖에 없었다. 조금도 토를 달 수 없도록 나를 저 낮은 바닥까지 내려 놓으시고 하나님께서 인도해 주신 것이다.

Fellowship을 받게 되니 등록금이 면제되고 학자금을 매월 500달러를 받게 되어 주택 문제를 해결할 수 있었다. 그러나 생활비는 아직 대책이 없었다. 여전히 전학하는 것이 경제적으로 가능하지 않았다. 그런데 이 시점에 재용 형이 조그만 신문 기사를 잘라서 보내왔다. 작년에 내가 불합격된 경영학 국비 장학생 모집 기사인데, 올해는 유학 중인 사람도 지원 가능하다는 것이었다. 내가 전학을 구상하고 있는지도 모르는 한국에 계신 형님이 어떻게 이렇게 작은 기사를 보게 되었으며, 어떻게 때 맞추어 내게 보낼 마음이 생기셨는지 경이롭기만 하다. 이렇게 작년에는 떨어졌던 경영학 국비 장학금이 유학 중인 나에게도 지급되게 제도가 바뀌었는지 경이롭다. 이렇게 국비 장학금을 1년에 1만 달러씩 3년간 기사회생으로 받게 되어 생활비를 충당할 수 있게 되었다. 지금으로 생각하면 1만 달러가 1천만 원 정도이니 큰 금액이라 할 수 없지만 그 당시 국민 소득 1천 달러를 간신히 넘긴 우리나라는 달러 보유고가 빈약하여 IBRD 차관으로 인재를 양성해 주었으니 우리는 조국이 키운 특공대였다.

Wharton School의 Decision Science 학과(현재 학과 명은 Operations and Information Systems로 개명되었다.)에 입학하여, 연구 과제를 수행하기 위해 입학 성적과 졸업 성적과의 상관관계를 분석하는 기회가 있었는데 그 덕분에 내가 Fellowship을 받게 된 경위를 알게 되었다. 모두 기준을 내게 유리하게만 편파적으로 적용하였다는 것을 보고 경악하였다. 성적은 클렘슨에서 받은 All A만 반영하여 KAIST의 고난기에 받은 B 학점을 보지 않았다. TOEFL 성적은 미국에서 지원한 학생에게는 고려하지 않아서 피해 갔다. 한국 학생들은 대부분 GMAT의 수리(Quantitative) 부문 성적은 좋은 편인데, 만점에 가까운 수리 부문 성적만 고려하고 우리가 약한 언어(Verbal) 성적은 보지 않았다. 클렘슨에서 받은 좋은 추천서와 Term Project 보고서를 고려하여 Fellowship 장학생으로 선발되었다. 누군가 고의적으로 이렇게 선발했다면 입시의 공정성 시비를 했을 것만 같았다. 이런 행운을 결코 우연이라고 생각할 수가 없다는 것이 나의 믿음이 되었다. 이 사건은 일반적 기적이라고 말할 수는 없지만 내 마음속에는 불가능한 일이 은혜로 주어졌다는 것을 결코 부인할 수 없다. 이 과정을 통해서 나는 약속을 지키시는 하나님을 완전히 만나게 되었다.

작자 미상의 '하나의 발자국'이란 시가 있다. 내 인생길 어디로 가든지 내 발자국 곁에 하나님의 발자국이 있었단다. 그런데 내가 정말 힘들 때에는 발자국이 하나밖에 없었다. 그 어려울 때 나를 혼자 두고 어디 가셨냐고 원망하였다. 하나님께서 "네가 힘이 들 때마다 널 안고 걸어갔지."라고 말씀하셨다. 그래서 하나의 발자국밖에 없었다는 시이다. 이 시절 나의 발자국은 하나밖에 없었을 것이다. 내가 Wharton School을 얻은 것보다 더 중요한 것은 만물의 창조주이시자 우리의 아버지 되신 하나님을 만난 것이었다.

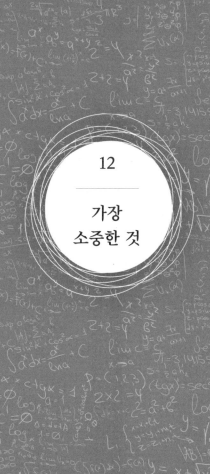

12

가장
소중한 것

1981년 가을 학기를 시작하기 위해 필라델피아에 있는 Wharton School로 이사하였다. 그런데 필라델피아는 클렘슨과 너무 대조되었다. 거리에는 온통 주차 계량기가 설치되어 있었고, 학교에서 조금 떨어진 곳은 슬럼처럼 폐허가 되었고 지저분하였다. 클렘슨에서는 한 번도 자전거를 묶어 놓은 적이 없었는데 필라델피아에서는 묶어 놓아도 바퀴를 빼 갔다. 미국의 완전히 다른 모습을 보게 되었다. 그러나 필라델피아는 미국 독립 선언을 한 기념비적인 도시였고, University of Pennsylvania는 벤저민 프랭클린이 설립한 미국 최초의 대학교로서의 긍지를 가지고 있었다.

Wharton School에서는 경영정보시스템을 집중적으로 공부하였다. 수리계획법의 대가인 Marshall Fisher 교수는 보기 드문 명강의를 하셨는데, 덜 중요한 것은 몰라도 된다고 선별을 해 주었고 수학을 말로 설명할 만큼 통찰력이 있었다. 당시 학과장이던 Paul Kleindorfer 교수님은 의사 결정 이론을 폭넓게 강의하셔서 의사 결정의 유형과 연구 동향을 총체적으로 이해하는 눈을 뜨게 하셨다.

하나님의 인도하심으로 전학을 온 나는 새사람이 되었다. 아무것도 두렵지 않았고 미래도 걱정이 되지 않았다. 중학교 3학년 때 자긍심이 생겼었고, 대학교 3학년 때 공부를 열심히 한다는 자각이 생겼는데, 필라델피아에서는 하나님께서 필요한 지혜를 주신다는 믿음이 생겼다. 이 말은 아무에게도 할 수 없었다. 내가 지혜롭다고 자화자찬을 하는 꼴이 되기 때문이다. 그러나 나 자신을 과거의 나와 비교할 때 그 차이를 인정하지 않을 수 없었다. 숙제가 어려워 밤바람을 쏘이면서 하늘의 별을 바라보면 과거에는 허무하고 두려움이 찾아왔지만, 이제는 저 별을 만드신 하나님이 다정하게 느껴졌고 내게 필요한 지혜는 다 채워 주실 것이란 소망이 솟아났다. 살아 계시고 내 안에 계신 하나님의 임재를 체험함으로써 얻게 되는 축복이었다. 관념이 아닌 현실이었다.

필라델피아로 이사 온 연립 주택은 100년 된 낡고 어두운 집이었다. 공부방은 다른 집들이 화초를 두는 위치에 꾸몄다. 십자가를 벽에 걸고 그 밑에 세계 지도를 펼쳐 붙이고 그 아래쪽에 기도대를 두었다. 이 기도방은 그 후 평생 유지되는 신앙생활의 양식이 되었다. "왜 저를 이리 보내셨습니까?"라고 여쭈었다. 하나님과 친밀해지면 하나님과 대화를 하게 된다. 중국 음식점에 전화를 걸어서 내가 필요한 것만 주문하고 "보내 주세요."라고 말하고 끊어 버리는 기도가 아니다. 가족과 전화하면 그냥 안부를 묻고 사랑한다고 말하듯이 별 용건 없어도 보고 싶어서 전화하는 것같이 하나님과 대화를 하게 된다.

하나님께서 '지금은 말씀하시지 않으신 소명이 있으니

학업을 준비하라'는 말씀과 '하나님의 은혜를 잊지 말 것'과 '하나님께서 함께하심을 약속'하시는 말씀을 항상 들려주셨다. 그리고 '교만해지면 망한다'는 경계의 말씀을 잊지 않으셨다. 이런 보살피심과 경계의 말씀을 함께 들을 수 있다면 이보다 더 큰 복이 없다. 그것도 천지를 창조하신 절대자 하나님이 아버지가 되어 해 주시는 말씀이니 그 값을 무엇에 비하랴. 그 당시 주신 말씀을 책상 위에 항상 두고 되새기었는데 오늘까지 내 기도대 앞에 놓여 있다. 나의 오랜 질문 '나는 왜 사는 것인가?'에 대한 해답을 드디어 찾게 되었다. 내 생명을 주신 창조주만이 그 답을 갖고 계신 것이었다. 이제 생명 방정식이 풀어졌다.

이 당시에도 '목차 만들기' 학습법은 큰 도움이 되었다. 교과목 개요와 교과서와 참고 문헌이 알려지면 학기 초에 전체를 조감하는 목차를 만들어서 전체적으로 어떤 주제가 나오는지 구조를 미리 파악하니 이해력이 크게 늘었다. 이 습관은 아주 복잡한 문제를 총괄적으로 파악하는 능력을 길러 주었다. 그리고 학기 초에 미리 학기 말에 제출할 보고서의 계획을 세워서 학기 중에 수집되는 모든 자료를 그 목적에 맞추어 정리하였다. 이렇게 과목마다 연구를 하듯이 학습을 하니 학기 말에 보고서를 작성하는데도 좋았고, 학위 논문 단계에 들어갈 때 논문 연구의 기초 훈련을 단단히 하는 효과가 있었다.

Fellowship을 받으면서 아르바이트를 하지 않고 공부에만 집중할 수 있는 시간이 처음으로 주어졌다. 모래주머니를 차고 연습한 선수가 모래주머니를 내려놓고 경기를 하면 날아갈 것 같다고 하더니 그런 느낌이었다. 1년 후 박사 자격 시험을 최우수 성적으로 통과하고 학점은 모두 A가 나왔다. 마지막 학기에 한 과목의 MBA 토론 과목에서 B를 받은 것을 제외하고 미국 유학 중에 19과목은 모두 A를 받았으니 하나님께서 인도하시면 이렇게 달라진다고 감사하는 말밖에 할 것이 없다. 2년이 되는 해에 논문 계획 심사를 받고 3년이 되는 해에 박사 논문 심사를 받았다. 국비 장학금이 3년밖에 지급되지 않으니 3년 만에 학업을 마치려고 노력한 덕분이었는데 나중에 알고 보니 Decision Science 학과 설립 이래 최단 시간에 졸업을 하는 것이었다.

첫해가 끝나고 자격 시험을 합격한 즈음 여름 학기가 다가 오고 있었다. 그 당시 학과장이던 Kleindorfer 교수가 여름 학기에 MBA 학생들을 위해서 경영정보시스템 강의를 하라고 하셨다. 예상하지 못한 좋은 기회가 찾아온 것이었지만 영어로 어떻게 토론식 MBA 강의를 할 수 있을지 걱정이 태산이었다. 그래서 강의 내용을 모두 외우듯이 영어 연습을 하여 강의를 하였다. 중학교 때 3인칭 단수로 훈련받던 소년

이 드디어 미국인에게 영어로 강의를 하게 된 것이다. 그해 여름은 엄청 힘든 시간이었지만 나에게 영어 훈련을 시키기에는 더 이상 좋은 기회일 수 없었다. 이때부터 내 영어가 부쩍 늘어서 보다 더 자유롭게 강의와 토론을 할 수 있게 되었다. 혼신의 힘을 다한 결과 강의 평가도 상위권을 유지할 수 있게 되어 그 이후 졸업할 때까지 매 학기 강사로서 경영정보학 과목을 강의하였다.

우리 가족은 집에서 가까운 Saint Francis Desale Church라는 가톨릭 성당에서 훈련을 받고 영세를 받았다. 명동성당에서 결혼하면서 했던 약속을 지키었다. 보람이도 이 교회학교에서 초등학생의 생활을 하였다. 이 무렵 나에게 우선순위에 대해 잊을 수 없는 훈련의 기회가 다가왔다.

필라델피아에 처음 와서 만난 사람은 KAIST 3회 졸업생인 이재성, 김시환 동문이었다. 3회생은 KAIST에서 한 학기 동안 학교생활을 같이하였다. 그러나 이들과 개인적으로 교제를 할 기회는 없었지만 타향에서 만나니 너무나 반갑고 미더운 벗이 되었다. 많은 사연이 있었지만 잊을 수 없는 이재성 동문의 차량 등록비 완납 사건이 일어났다. 이재성 동문이나 나는 모두 10년도 지난 중고차를 몰고 있었는데 이재성 동문의 차는 그나마 완전히 망가져서 내 차를 타고 중고차를 사러 갔다. 중고차 주인은 이태리 출신이었는데 1,500

달러에 팔겠다고 했다. 그런데 그는 친절하게도 세금을 적게 내게 해 주기 위해서 가격을 낮추어 거래를 한 것으로 해 주겠다고 했다. 피차 손해 볼 것이 없는 일이었다. 그런데 뜻밖에 이재성 동문은 안 된다고 했다. 원래 가격대로 세금을 내겠다고 했다. 이태리 차주는 웬 이상한 사람 다 보겠다는 듯이 쯧쯧 혀를 차며 "네가 손해나도 좋으냐?"고 되물으면서 원래 금액을 기입한 거래를 하였다. 나는 이재성 동문을 충격적으로 바라보면서 그의 태도에 전율을 느꼈다. 그는 모태신앙의 그리스도인이었고 하나님이 곁에서 지켜보시듯이 행동을 하였다. 저렇게 사는 사람의 미래는 어떻게 될까? 여유가 없는 생활 중에서도 저렇게 행동할 수 있는 믿음은 어디에서 나올까? 이재성 동문에게 우선순위는 돈보다 진실이었다. 그는 나의 신앙의 동지가 되었고 나는 어떤 경우라도 그를 신뢰하게 되었다. 하나님께서 그를 인도하시는 것을 평생을 통해서 볼 수 있었다. 그의 삶은 믿음의 여정이었는데 훗날 굴지의 대기업 회장이 되었다.

중학교 2학년 시절 인근에서 목욕탕을 경영하는 친척이 있었다. 그런데 하루는 불가피하게 자리를 비울 사정이 생겨서 목욕탕 접수를 나에게 맡기셨다. 내가 착실해 보이니까 맡기신 것 같다. 그런데 나는 반나절이 되지 않아서 도둑이 되었다. 원래 도둑으로 타고난 나의 모습을 확인할 수 있는 날이었다. 손님 한 명 정도 덜 왔다고 하면 된다는 생각이 저절로 들었다. 양말에 1명의 목욕비를 집어넣었다. 저녁에 주인이 돌아오셨는데 문을 닫을 시간이 다 되어서 마지막 손님이 찾아왔다. 목욕물도 많이 빼 버린 시점이라 목욕비의 전액을 받는 것이 무리라고 생각이 되었다. 그런데 그분은 전액을 지불하였다. 그러자 또 꽤가 생겼다. 할인을 해 주었다고 말하고 그 차액만큼 내 양말 속에 집어넣었다. 내 양말을 벗어 보라고 할까 봐 두려웠지만 천연스럽게 거짓말을 하였다. 어떻게 사전에 전혀 계획도 하지 않았고 연습도 하지 않았던 내가 이럴 수 있는 것인지 오랫동안 생각하게 된 사건이다. 나는 타고난 죄인이었고 범죄하지 않겠다고 결심을 하고 노력하지 않으면 이런 시험을 이길 수 없는 존재인 것을 알게 되었다. 절대자가 항상 나를 보고 있다고 인식하지 않는다면 이런 위험한 시험에서 결코 이길 수 없다는 것을 깨닫게 되었다. 이재성 동문은 이런 시험을 이기는 모습을 내게 보여 준 것이다.

이재성 동문과 유사한 시험이 나에게도 찾아왔다. 나는 학교에서 주는 장학금과 국비 장학금을 동시에 받아야 생활비를 충당할 수 있었는데, 반년 후에 온 국비 장학생의 요건을 보니 다른 장학금을 수령할 수 없게 규정되어 있었다. 이 규정의 취지는 장학금을 이중으로 수령하지 않으면 더 많은 학생들을 유학시킬 수 있겠다는 좋은 취지로 만들어진 것이었지만 현실적으로는 문제가 있었다. 유학하는 학교에서 장학금을 받을 수 있는 사람이 더 인정받은 사람이니 오히려 역차별의 부작용이 있게 되었고, 나와 같은 경우에는 한 가지 장학금만으로는 학업을 유지할 수가 없었다. 그래서 국비 장학금을 동시에 받는 친구에게 물어보니 그런 말은 하지 않는 것이 좋다고 일러 주었다. 아무래도 알려서 좋을 것이 없다는 생각이 들어서 나도 공감을 했다. 공직의 경험이 있는 분에게 교육부에 사실대로 말하고 허용해 달라고 하면 어떻겠냐고 문의했더니 공무원은 규정 위반 사실을 알게 되면 자기 책임이 되기 때문에 조치를 하지 않을 수 없다면서 차라리 모르는 게 낫다고 했다. 납득이 되었다.

그런데 기도 시간만 되면 이것이 마음에 걸렸다. 하나님은 우리가 범죄하면 기도를 듣지 않으신다. 그러므로 기도가 안되면 무조건 내려 놓고 자신을 돌아보고 문제점을 발견해야 한다. 그래서 더 합당한 방법을 생각해 보았다. 지금은 공부를 해야 하고 학자금은 반드시 필요하니, 나중에 성공해서 지금 받는 장학금보다 큰 금액을 후진들에게 장학금으로 내어놓도록 하겠다고 제법 양심적인 안을 생각해 내었다. 좋은 안이라고 생각되어 마음이 편안해져서 잠자리에 들었다. 그런데 이것도 기도 시간에는 용납되지 않는 것이었다. 하나님께서 지나치게 엄격하시다고 생각이 들 만큼 끝내 허락하지 않으셨다. 엎치락뒤치락 매일 달라지는 결론이 대학 2학년 2학기 때처럼 반복되었다.

하나님 앞에서 이 문제를 더 이상 말씀드리기가 두려웠다. 그러나 나는 결국 이 문제를 하나님 앞에 완전히 내려 놓고 기도드리게 되었다. 최종적인 응답을 듣고 두렵기도 했지만 감사한 마음에 눈물을 펑펑 쏟았다. 이런 심판에 대해 생기는 감사하는 마음은 뉘우치고 난 사람의 마음에 평안이 찾아옴과 같은 것이었다. 그날 하나님께서 내게 명확히 우선순위를 알려 주셨다. 첫째 하나님, 둘째 아내, 셋째 박사 학위였다. 너무 명백히 알려 주셔서 감격하여 눈물을 줄줄 흘리며 아내가 일하고 있던 제법 먼 거리의 세탁소까지 차도 타지 않고 달려갔다. 그리고 고생하게 될지 모를 아내에게는 미안했지만 말했다.

"지금의 죄가 나중에 행하는 선행으로 씻어지는 것이 아닙니다. 지금 죄를 짓지 말아야 합니다. 이것이 하나님의 뜻입니다. 국비 장학금 담당자에게 사실대로 설명드립시다. 대신 우리가 장학금이 꼭 필요하다는 것을 호소하는 편지를 같이 보냅시다. 그래서 국비 장학금이 오지 않으면 그대로 받아들입시다. 이것이 우선순위입니다."

대학 2학년 때 깨닫지 못한 우선순위를 이제서야 깨달은 것이었다.

　이날부터 우편함을 두려운 마음으로 열어 보는 시간이 다시 시작되었다. "유감스럽게도……"라는 편지가 오지 않기 바라면서. 그런데 교육부에서는 아무 소식이 없었다. 그렇게 6개월이 지난 어느 날 아무 말도 없이 국비 장학금 수표가 배달되어 왔다. 나와 아내는 또다시 울지 않을 수 없었다. 우리에게 죄를 짓지 않게 보호하시면서도 생활비를 보내 주신 것에 감사하는 눈물이었다. 이 경험은 우리가 우선순위를 체득하는 기준이 되었다. 우선순위를 바르게 지키면 우리의 생각 이상의 열매를 맺게 해 주신다는 교훈을 배웠다. 귀국 후에 교육부에서 전해 들은 이야기인데 이런 사실을 신고한 학생도 있었다면서 양심이 살아 있는 것을 발견하여 반가워했단다. 이런 진리에 대한 결단은 지식을 넘어선 지혜일 것이다. 하나님께서 지켜 주셨기에 가능했던 지혜였다.


　먼저 구할 것은

　내 생각으로 판단하기 전
　님의 뜻 먼저 생각하라
　내 소망 아뢰기 전

님의 말씀 먼저 귀 기울이라


걱정 탄식하기 전
님을 먼저 찬양하라
서운함 불평하기 전
님의 눈으로 나를 먼저 바라보라


내 간구한 소원 확신하기 전
님의 선하심 먼저 확신하라
나의 유익 구하기 전
섬겨야 할 소명 먼저 생각하라


아침 눈떠 오늘 소식 보기 전
영원한 약속 말씀 먼저 읽으라
오늘 어떤 어려움 있어도
님이 함께하심 먼저 믿으라

13

나의 선택,
창조주의 선택

필라델피아로 가게 되는 과정과 그 곳에서 박사 과정 공부를 하는 동안 나는 하나님을 깊이 만났고, 나의 가는 길을 하나님께 맡기는 사람으로 변화되었다. 마치 버스나 배나 비행기를 타면 내가 운전하지 않고 조종사에게 맡기는 것이 최선인 것같이 내 인생의 중요한 방향을 내가 정하는 것보다 하나님의 뜻을 따라 결정하는 것이 최선이라는 신뢰가 생겼다. 이것은 인격적인 차원에서 의뢰심이 많아졌다거나 무책임해졌다는 것과는 다른 차원으로 절대자와의 친밀한 관계에 관한 마음 자세의 문제였다. 우리가 통상적으로 사용하는 용어로는 '하늘 무서운지 모르는 사람'에서 '하나님 사랑하는 사람'으로 변화된 것이다.

나는 원래 이런 사람이 아니었다. 나는 어린 시절 불교 집안에서 자라났다. 우리나라 대부분의 가정에서의 불교는 교리에 입각한 신앙이라기보다 조상께 제사 지내고 무당의 미신과 혼합된 형태였다. 1909년생인 어머니께서는 결혼 이전에는 배화여고를 다니시면서 교회에서 성가대를 섬기셨단다. 그러나 결혼 후에는 시집의 전통을 따라 살아야 한다고 믿었다. 자신의 신앙이 뿌리 깊지 않으셨던 것 같다. 어머니의 신앙생활의 목적은 자녀들의 복을 빌어 주기 위한 것이었고, 조상을 섬겨 집안의 화목을 위한 노력이었기에 집안에서 칭송을 받았다. 큰형인 재열 형이 아플 때면 새벽마다 맑은 물을 떠 놓고 지극정성 기도를 하셨고 힘든 산 기도를 가시기도 했다. 절에서 여신도 회장을 하셨는데 반야심경 등 불경을 줄줄 외우셨다. 그런데 뜻을 이해하시는 것 같지는 않았다. 어머니가 다니시는 사찰의 스님은 인격적으로 존경스러운 분이셨고 자애로우셨다.

우리 집에는 조상의 옷을 신줏단지로 옷장 위에 올려놓고 먼 길을 다녀오면 조상께 절을 하듯이 절을 하였다. 나는 시키시는 대로 절을 잘 한다고 효심이 좋다고 칭찬받았고 진심으로 조상께 감사를 했다. 우리 아버지는 독자로서 큰할아버지가 자손이 없어서 제사가 두 배로 많았다. 우리 집안은 제사를 정성스럽게 드리는 미덕을 가졌고, 제삿밥을 맛있게 먹었다. 우리 고유의 미풍양속이라고 생각하였다. 이스라엘 사람들의 종교를 우리가 받아들일 이유가 없다고 생각하였다.

부모를 떠나 대학을 다니게 되면서 교회도 가 보게 되고, 성당도 가 보게 되니 어느 종교가 더 좋은 것인지 잘 비교하여 선택해야겠다는 생각을 하게 되었다. 사이비 종교도 있어서 더욱 신중하게 선택해야 했다. 교회를 다니게 된 계기는 대학 3학년 여름 방학 중에 KIST 교통경제연구실에 실습을 나갔는데 이곳에서 만난 홍유수라는 연구원께서 믿음이 너무나 좋았다. 그분의 인도로 동대문에 있는 순복음교회를 따라 나갔다가, 그 교회의 장로님 댁의 가정 교사가 되었다. 이 인연으로 교회 목사님이 증인이 되어 약혼식을 하였다. 그 이후 최윤경 약혼녀를 따라서 명동성당과 이문동성당을 가 보았다. 최윤경 약혼녀도 믿음이 깊은 것은 아니었다. 이 무렵 나는 주로 종교를 비교·분석하는 입장이었고 개인적 신앙심은 없었다. 대구 계명대학교의 교수가 되니 채플이 있었고, 장로이신 선배 교수님의 인도로 대구 동산교회를 출석하였는데 설교 말씀이나 성경을 잘 이해할 수 없었다.

그런데 한 가지 잊을 수 없는 대화가 있었다. 대학 4학년 시절 순복음교회에서 만난 한 청년과의 대화에서 내가 교회를 선택할 것인지 고심하고 있다고 말했더니, 하나님께서 당신을 선택하셨다고 말하는 것이었다. 평소 나의 비교·선택적 사고와 정반대의 시각으로 하는 말을 듣고, 저런 시각도 있을 수 있구나 하는 생각이 들었다. 그런데 곰곰이 생각해볼수록 창조주 하나님이 나를 선택하신 것이 맞지 내가 하나님을 선택한다는 것은 맞지 않는 교만한 자세라는 생각이 들었다. 마치 아버지는 아들을 이미 알고 있지만, 누가 아버지인지도 모르는 철부지는 두리번거리며 누가 아버지인지 판단하려는 것과 같다는 생각이 들었다. 아버지께서 "내가 네 아버지다."라고 말씀해 주시지 않으면 철부지는 스스로 알 수 없는 것이다. 그런데 아버지라고 주장하는 사람이 많다면 진짜 아버지는 가짜 아버지들에게 분노할 것이고, 가짜 아버지들은 서로 인정하자고 할 것이란 생각이 들었다.

성경에 대해서도 한 권의 책이라고 잘못 알고 있었다. 성경은 한 사람의 저자에 의해 기록된 책이 아니고 1,600년에 걸쳐 40여 명 저자에 의해 기록된 66권의 글을 편집한 책으로서, 예수님이 오시기 전의 구약 39권과 예수님 오신 이후의 신약 27권으로 구성되었다는 것을 알게 되었다. 오랜 세월을 통해 여러 사람이 기록했지만 그 흐름이 하나로 연결되어 있었다. 하나님의 영으로 감동된 사람들이 기록하였기 때문에 마치 동일 저자가 기록한 책과 같이 흐름이 연결되는 것이었다. 성경에는 거룩한 사건만 기록된 줄 알았는데, 그렇지 않아서 오히려 진실이 기록되었다고 믿어졌다. 예수님의 조상 중에 유태인이 아닌 기생도 있고, 다윗과 간음하고 솔로몬을 나은 여인도 있다는 사실을 그대로 기록해 두었다. 사람이 만든 종교라면 완벽한 도덕성을 갖춘 조상으로 기록했으리라 생각되었다. 우리나라는 구석기 시대에 이런 문자로 기록된 책이 기록되었다니 시간 여행을 하는 듯 흥미로웠다.

성경에는 노아의 홍수와 요셉이 노예로 팔려 가서 이집트 총리가 되는 이야기가 기록된 창세기, 모세가 이집트를 탈출하며 홍해가 갈라지는 출애굽기, 다윗의 이스라엘 왕국, 우리나라처럼 분단된 남유다와 북이스라엘 시대, 70년간 바벨론으로 포로로 간 유다의 역사와 그곳에서 총리가 된 다니엘이 사자굴에서 살아난 이야기 등이 너무나 재미있게 기록되어 있었다. 이외에도 골리앗을 이긴 다윗이 기록한 시편과 요한 계시록과 같은 예언서도 있는데 구약에서의 예언은 예수 그리스도를 통해서 이루어졌음을 알 수 있었다.

예수님의 행적과 말씀은 4복음서(마태, 마가, 누가, 요한)에 기록되어 있었다. 승천하신 예수를 믿는 사람을 핍박하던 사울(큰 사람이란 뜻이다.)이란 청년이 예수님의 음성을 듣고 장님이 되어 쓰러졌는데, 그가 바울(작은 사람이란 뜻이다.)이란 이름으로 예수가 그리스도라고 선포하였다. 그가 쓴 편지가 신약의 중요한 비중을 차지하는 교리로 포함되어 있는데 그는 오늘날 많은 성바울병원의 이름 주인이다.

우리가 사용하는 서기 연호가 예수님 중심으로 BC와 AD가 구분되었으니 예수 그리스도가 인류 역사를 바꾸신 분임에는 틀림이 없다. 2,000년간 나라 없이 지낸 이스라엘 민족이 성경에 예언된 대로 우리 시대에 가나안 땅으로 돌아와 나라를 이루는 것을 보게 되니 기적이 오늘날도 계속되고 있다는 생각이 들었다.

나는 대학 시절에 성경을 비판하는 글을 작성하여 필요충분조건을 만족하지 못하는 내용을 믿는 것은 비약이라고 논증하였다. 불확실한 믿음은 인정하지 않고 사실에만 입각하여 파악하려고 했고, 인간적 수준에서 논리적으로 판단하려고 하였다. 예를 들어서 에덴동산에 선악과를 둔 것 자체가 아담이 실수할 수밖에 없는 상황이므로 원인 제공자의 책임이 있다고 하였다. 그리고 아담 한 사람을 용서하였다면 그 많은 후손들에게 원죄의 부담을 유전하지 않을 수 있었다는 등 성경을 비판하면서 이를 깨닫지 못하고 무조건 믿는 사람들을 깨우쳐 주려고 노력하였다. 나는 통쾌한 생각도 들었고 내 논리가 맞다는 자신감도 들었는데 몇 장을 써 내려가다가 만일 내 주장대로 된다면 그나마 인류에게 주어진 유일한 소망조차 없어진다는 생각이 들기 시작했다. 내가 무슨 대안을 제시할 수 있는가를 생각해 보니 아무 대책도 없고 앞길이 깜깜해지고 무서운 생각이 들어서 더 이상의 시도를 할 수 없었다.

얼마 전에 아이들이 달팽이를 가져와서 나더러 키워 달라고 했다. 달팽이는 명암만 구분하고 촉수로 인지를 한다. 그런데 상추를 주면 알아차리고 기어 와서 먹는 것을 보면 후각도 있는 듯하다. 그런데 달팽이는 상추를 주고 물을 뿌려 주는 나를 인식하지 못하였다. 어떤 존재가 먹을 것을 주는지, 어떤 사랑하는 마음으로 물을 뿌려 주는지 전혀 이해하지 못하였다. 사람과 하나님의 인식 능력은 이것보다 더 큰 차이가 있을 것이다. 그러므로 논리적인 판단을 한 달팽이의 논증이 맞는 데는 한계가 있다. 달팽이의 눈높이로 나를 판단하면 그 결론이 맞을 수 없다. 달팽이가 이해되지 않아도 그냥 내가 전해 준 말을 믿는 것이 사실을 알 수 있는 유일한 방법일 것이다. 이런 관점으로 인식 능력의 차이를 감안하여 절대자를 이해할 필요가 있겠다는 생각을 하게 되었다. 내가 달팽이를 사랑한다면 차라리 내가 달팽이가 되어 대화를 하고 같이 먹어야 할 것이다. 그렇게 찾아와 준 존재가 구세주(그리스도)이다.

이 세상에 조물주가 있느냐고 묻는다면 천지 만물을 보면서 대부분의 사람들은 조물주의 존재를 인정한다. 그런데 성경에 나오는 하나님이 그 조물주인지는 어떻게 증명할 수 있을까? 창조주는 스스로 창조했다고 말씀하실 것이다. 그런데 이 세상에 천지를 창조했다고 주장하는 신은 단 한 분밖에 없다. 감히 어떤 종교의 신도 스스로 창조했다고 말하지 않는다. 다만, 성경에 나오는 하나님만 내가 천지 만물을 창조했다는 말씀을 끊임없이 하신다. 동양에서는 산신령이라든가 해저 용왕이라든가 어떤 지역을 다스리는 권세를 말하여도 어느 신도 스스로 모든 것을 창조했다고는 말하지 않는다. 그리스의 신화에도 신들의 지배자인 제우스 신, 전쟁의 신, 사랑의 신, 땅속의 신과 같이 각종 신의 역할은 있어도 모든 것을 창조하였다는 유일신은 없다. 인간보다 우월한 존재 수준으로 신을 정의할 뿐이다. 그런데 이 세상에 유일신의 창조를 주장하는 종교는 유대교, 기독교와 이슬람교 세 종교만 있고, 그 유일신은 모두 성경에 기록된 하나님이다.

　나의 질문은 계속되었다. 우리가 피조물이라면 그 창조주는 누가 창조하신 것인가? 논리가 답을 주지 못한다. 이 단계에서는 존재의 유와 무의 개념이 이해되지 않는다. 성경에서 하나님은 '스스로 존재하는 분'이라고 자신을 소개하셨다. 하나님은 "나 외에 다른 신은 없다."고 여러 차례 선포하셨다. 우리의 상상을 뛰어넘는 이런 말씀을 하신 분은 성경의 하나님뿐이다. 그러므로 '성경의 하나님은 우주 만물을 창조하신 하나님이다'라고 결론을 내릴 수밖에 없다. 다른 대안이 전혀 존재하지 않기 때문이다. 그런데도 '사람으로서는 알 수 없다'고 결론 내리는 불가지론이 있을 수 있다. 그것은 신중한 것 같지만 성경에 기록된 창조주의 가능성을 인정하지 않고, 창조주의 존재를 사람의 과학 영역처럼 추론만 하려고 한 결과이다. 알 수 없다는 것이 진리인 것을 증명하는 것이 불가능한데도 무지 자체를 신앙으로 비약시킨 것이다. 천지 만물을 창조하신 창조주의 궁극적 증인은 창조주 자신밖에 없다. 이 사실을 성경에 기록하신 것이다. 그런 면에서 성경책은 우주와 인류에게 주어진 매뉴얼인 셈이다. 그러나 성경책을 창조에 관한 모든 과학적 현상을 설명하기 위한 과학 교과서처럼 해석하면 취지와는 다르게 천동설 같은 비약의 오류를 범할 수 있다.

성경은 하나님의 구원 계획을 기록한 책이라고 볼 수 있다. 죽을 수밖에 없어진 자녀를 구원하고자 하는 것이 하나님의 계획 중의 계획이다. 성경에는 하나님이 구원자(히브리어로 메시아, 그리스 어로 그리스도)를 보내어 죽게 된 하나님의 자녀인 인류를 구원하시고자 하는 계획을 기록하고 있다. 그 계획에 따라 오신 분이 예수님이시다. 예수님처럼 불치의 병을 고치고, 죽은 사람을 살리고, 수많은 기적을 행하신 분은 인류 역사상 전무후무하다. 그러나 왕이 되고도 남을 권세를 가지신 예수님이 오신 목적은 우리를 통치하기 위함이 아니고 우리의 죄를 대신 사하여 주시고자 한 것이었다. 십자가에 못 박혀 돌아가시면서 우리가 믿음으로 구원받을 수 있는 길을 열어 주셨다.

예수님의 십자가와 부활이 납득이 가지 않는 사람은 애초에 '아담을 왜 죽게 하셨습니까'라고 질문을 한다. 이 질문에 답변하기 위해 영화에 나오는 '영원히 죽지 않는 악당'을 보고 해답을 짐작할 수 있다. 영화에 나오는 악당은 정의의 용사에게 패배하고도 '다시 돌아온다'고 깔깔 웃으면서 사라진다. 영원히 죽지 않기 때문이다. 그런 악당이 영원히 죽지 않는다는 것은 끔찍한 일이다. 그런데 사랑하는 자녀가 악한 존재로 물들었다면 그를 영원히 그 상태로 살도록 둘 수는 없다. 그 죄악의 모습이 죽게 하는 것이 새롭게 회복되는 첫걸음이다. 그래서 아담은 죽는 존재가 되어야 했고, 우리도 죽는 존재이어야 한다. 우리가 죽지 않는다면 끝없이 교만할 것이고 절대자에게도 대항하여 영영 구원받지 못할 것이다. 그런 우리를 위하여 하나님은 대신 죗값을 치르셔야 했고, 부활을 계획하셔야 했다. 그래서 하나님의 아들의 피로 그 죗값을 대신 치르시고 우리를 자녀로서 사랑하심을 확증해 주셨다. 하나님은 사람을 일회용품 같은 존재로 지으신 것이 아니고 자녀로서 지으셨던 것이다. 이 사랑은 우리 부모에게 유전되어 자녀를 사랑하는 마음을 주셨으니 하나님의 사랑의 흔적을 볼 수 있다.

이 하나님의 계획을 방해하는 두 가지 방법이 있다. 하나는 예수가 그리스도가 아니라고 하는 방법이고, 다른 하나는 원죄가 없으니 예수의 구원이 필요 없다고 주장하는 방법이다. 유대교가 전자의 입장이요, 이슬람교는 후자의 입장이다. 두 가지 모두 하나님의 뜻에 반대되는 입장이므로 하나님을 경배하는 것 같지만 하나님의 뜻에 대적하는 것이다. 이것이 이 지구 상에 존재하는 주요 종교에 대한 핵심의 요약이다. 우리는 어느 길을 선택해야 할 것인가?

성경의 하나님은 이스라엘의 수호신인데 어떻게 우리 민족의 수호신이 될 수 있느냐는 질문에 대해서도 탐구하였다. 구약 성경에서 하나님께서 야곱을 축복하시어 이스라엘이라고 이름을 지어 주시고 가나안 땅에서 살도록 축복하셨다. 그러나 하나님의 뜻을 따라서 살면 축복을 받을 것이고 그렇지 않으면 그 축복을 받지 못하게 될 것을 미리 알려 주시며 경계하셨다. 그러므로 하나님의 축복을 받는 근본적인 기준은 이스라엘의 후손인가에 달린 것이 아니고, 하나님의 뜻에 따라 사는가에 달려 있다. 구약 시절에도 이방인으로 축복을 받은 사람이 있으니 대표적 인물로 다윗의 증조할머니가 된 이방인 며느리 룻이 있다. 그녀는 예수님의 족보에 기록되어 있다. 하나님께서는 이방인 중에서 영광을 받으실 것이라는 말씀을 여러 차례 하셨다. 그러므로 우리 나라 사람들도 예수님을 믿음으로 말미암아 하나님의 자녀가 될 수 있게 길을 열어 주신 것이다. 예수 외에 다른 길은 없다고 말씀하시었는데, 다른 길도 있다고 가르치는 것은 사람들로 길을 잃게 하는 것이므로 사망으로 미혹하는 결과를 낳는다.

원죄와 현행법상 실정법의 관계도 이해해야 했다. 왜 하나님께서 우리의 죄를 다 용서하셨는데 경찰이 이를 인정하지 않는가는 질문이 생긴다. 어느 불효자와 어머니와의 관계를 생각해 보자. 불효자가 어머니를 거역하여 더 이상 어머니라 부르지 않겠다고 집을 나오면 어머니께 큰 죄를 지었다. 그러나 이런 죄는 실정법상 죄로 성립되지는 않는다. 그러나 그 죄는 어머니께 잘못을 시인하고 용서를 구하기 전에는 다른 착한 일을 했다고 해서 면제될 수 있는 것이 아니다. 원죄도 이와 같이 하나님과의 관계에 관한 죄이다. 반면에 자녀가 실정법상 몹쓸 죄인이 되어도 어머니는 그 자녀를 사랑하고 구해 주고자 한다. 실정법상 죄인이지만 어머니에게는 죄인이 아니기 때문이다. 자식을 위해서 대신 죽어 주고자 하는 마음이 어머니의 사랑이다. 이 어머니의 사랑은 하나님에게서 받은 하나님의 속성이다.

예수님은 십자가에서 죽으신 후 사흘 만에 부활하시어 우리가 영원히 살 수 있음을 보여 주셨다. 하나님께서 계획하신 영원한 생명의 실체를 몸소 보여 주신 것이다. 이 놀라운 축복의 계획을 알려 주는 것이 복음(Good News)이다. 이 복음을 이해하도록 예수님의 영이 우리들에게 오셨는데 이분이 성령이다. 그러므로 성령이 우리 안에 계시면 하나님의 마음으로 이 구원의 계획이 이해가 된다. 그러나 그 마음 안에 성령이 없으면 이해가 되지 않는다. 마치 전파가 하늘에 가득하여도 수신기가 없는 것과 같다. 수신이 되지 않는다고 전파가 존재하지 않는다고 말할 수 없다. 사람의 인식의 한계에 갇혀 있는 한 논리와 관찰에만 의지하는 판단이 항상 바른 판단이 되는 것이 아니다. 성령이 임재하시어 체험을 하게 되면 이 말이 이해가 가게 된다.

감옥에 간 친구에게 성경을 전해 준 적이 있다. 그는 지식 탐구욕이 대단한 사람이었다. 몇 주일 후에 방문했더니, "성경 참 잘 썼어!"라고 나도 성경 같은 책을 하나 쓰고 싶다는 인상을 주면서 아무 감동 없이 말하는 것을 본 적이 있다. 어떤 영적인 눈으로 보는가에 따라 해석이 그렇게 달라지는 구나 싶었다.

성경 공부와 하나님의 임재 체험을 통해 전공 지식 너머의 진리를 알게 되었다. 실존하시는 하나님이 졸업 후에 가는 길도 인도하신다는 믿음을 가지게 되었다. 당시 김인수 교수께서 KAIST 경영과학과 학과장이셨는데 필라델피아를 방문하시어 KAIST 교수로 오라고 권유해 주시었다. 산업공학과에서 경영과학과가 파생되었던 것이다. 대학 동기였던 박성주 박사는 경영과학과로, 최병규 박사는 산업공학과 교수가 되어 먼저 자리 잡고 있었으니, 평생 직장 동료가 되었다.

윤기준은 성균관대학교 교수가 되었고, 이제민은 연세대학교 경제학과 교수로, 오형식은 서울대학교 산업공학과 교수가 되었다. 박일우는 고시 공부를 하다가 신학 공부를 하여 목사가 되었다. 아성회의 친구들은 기업으로 진출하였는데, 조병재는 신한은행에서 임원으로 근무하다가 신한자산운영회사의 대표 이사를 역임하게 되었다. 이상호와 정완이는 훌륭한 자녀를 남기고 안타깝게 이 세상을 먼저 떠났

다. 다른 탁월한 친구들은 정부와 법조계, 산업계에서 두각을
나타내고 있었다.


나의 님

내 소싯적에 배운 시
침묵의 님이
당신이 아니시기에
내 님은 하나님이시라
큰 소리로 외칩니다

꿈같이 아름다운
하늘 아래 땅 위에
우리를 모태에서 기르시고
어버이 사랑 통해
당신을 느끼게 하셨습니다

우리 죄 안타까워
대신 죽으신
사랑과 부활의 예수님

당신이 나의 님입니다

오늘도
야곱에게 하신 말씀 들려주시고
요셉에게 보이신 꿈 보여 주시는
텅 빈 내 가슴
기쁨으로 채우시는 성령님
당신이 나의 님입니다

당신만이
나의 영원한 님입니다
님은 침묵이 아닌
말씀입니다

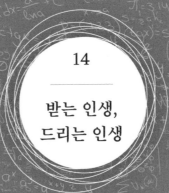

14

받는 인생,
드리는 인생

1985년 5월 17일, 우연히도 날짜 변경선에서 34번째 생일을 날려 보내며 귀국하였다. 내 마음 속에 박사 학위의 허세에 의지하는 삶을 살지 않겠다는 다짐 으로 박사 학위 수여식에 참석하지 않고 귀국하였다. 그래서 나는 박사 학위 사진이 없다. 그러나 내가 교수가 되어 보니 제자가 졸업식에 오지 않는 것은 매우 난처한 일이라는 것을 나중에 깨달았다. 이처럼 나는 많이 받기만 하고 제대로 드 리지는 못하는 인생을 살았다. 경제 논리로는 많이 받고 덜 주면 이익이다. 그러나 인생 논리에서는 받기만 하면 어린아 이요, 많이 주는 사람이 더 풍요한 삶을 살게 된다. 이제 드리 는 인생을 살아야 할 때가 무르익었다.

KAIST 경영과학과 조교수로 부임해 와서 Wharton School에서 가르치던 경영정보시스템 과목을 가르치고 그 당시 세계적으로 관심이 부상하던 인공 지능에 관한 연구를 수행하였다. 나를 기다리고 있는 석사 과정 첫 지도 학생은 이호근이란 학생이었다. 어려운 과제를 내어도 잘 감당해서, 과제가 너무 적은가 보다 싶어서 조금씩 늘려가다 보니 엄청 난 과제를 요구하였다. 그런데도 모두 다 감당하는 것을 보 고 나는 내심 놀랐다. 그가 훗날 연세대학교 교수가 된 이호 근 교수인데 그때 힘들어서 죽는 줄 알았단다. 그는 그때의 자세로 평생을 살아서 유명한 교수가 되었고 2015년도 한국

경영정보학회 회장이 되었다. 강의 과목에서도 Wharton에서 가르치던 내용보다 더 수준을 높였는데 학생들은 힘들어 하면서도 모두 열심히 따라왔다. 미국 최고의 수준을 능가하는 대단한 인재들이었고 열심히 공부하는 학습의 자세도 모범적이었다.

우리 연구실에서 배출된 박사 제자 40여 명은 주요 대학의 교수가 되었다. 졸업 순서대로 주석진(경기대학교), 최형림(동아대학교), 권순범(국민대학교), 김우주(연세대학교), 김민용(경희대학교), 김현수(동아대학교), 송용욱(연세대학교), 이경전(경희대학교), 임규건(한양대학교) 등 대학교수로 활약을 하고 있다.

내가 부임한 다음 해 동아일보는 신년 호에 '인공 지능의 원년을 연다'고 대서특필하였다. 이 무렵 우리는 '사람의 지능을 닮은 컴퓨터'를 만드는 연구를 하였다. 왜냐하면 사람은 시각과 청각을 이용한 식별 능력이 있고, 전문가로서의 지식을 체계적으로 기억하고 추론하고, 스스로 학습을 할 수 있으며, 또한 자연어로 대화할 수 있는 능력도 있다. 그러나 컴퓨터는 사람에 비해서 억만 배나 더 빠르고 기억 능력은 비교할 수도 없이 크지만 사람의 지식처리 능력을 흉내도 내지 못하기 때문에 차세대 컴퓨터는 인공 지능형 컴퓨터를 목표로 해야만 했다. 세계적으로 이 연구에 국가 연구비를 집중 투입하였다. 한편, 기계공학을 전공하는 학자들은 사람의 손과 발을 모방한 로봇을 개발하기 시작하였다.

인공 지능 학자들은 이삼십 년이면 사람보다 더 유능한 컴퓨터를 개발할 수 있을 것으로 기대하였다. 전화기로 한국 말을 하면 수신자는 각자 자기 나라 말로 번역된 음성을 들을 수 있을 것으로 기대하였다. 전문가의 지식은 컴퓨터에 저장되어 사람의 역할을 많이 대체할 수 있을 것으로 기대하면서 의료 진단용 전문가 시스템, 법률 전문가 시스템 개발 등을 위한 지식 공학을 연구하였다. 나는 주로 인공 지능을 이용하여 경영 의사 결정을 지원하는 모델을 개발하였다. 주식 투자 자문 시스템, 법인세 자문 시스템, 일정 계획 시스템 등을 연구하여 많은 성과를 거두었다. 그러나 성과를 거둔 것보다 한계를 깨닫게 된 것이 훨씬 더 많았다. 사람의 지능은 어찌나 오묘한지 단순한 구조의 뇌세포에서 어떻게 이토록 다양한 지식과 추론 능력이 가능한지에 놀라지 않을 수 없었다. 아직까지 사람의 능력으로 이 구조를 개발하는 것이 불가능할 뿐만 아니라, 그 원리도 완전히 이해를 하지 못하고 있는 실정이다.

사람의 자연어는 문자뿐만 아니라 사람의 표정과 어감을 포함하여 종합적으로 대화하기 때문에 문자만으로 자연어를 이해하는 것은 한계가 있고, 구글(Google)은 번역 기능을 제공해 주지만 사람의 수준에는 훨씬 미치지 못한다. 사람과 같이 다양한 상황에서 많은 단어를 사용하는 자연어 처리 능력은 사실상 기대하기 어려운데, 우리는 자신이 이해하지도 못하는 지적 능력을 그냥 타고난 것이다. 우유 먹고 밥 먹으면 갓난아이가 그런 지능의 성인으로 성장하도록 태어난 것이다. 창조주 없이는 불가능한 일이다.

최근 인공 지능의 기능은 산업화되고 있으므로 연구자로서 도전할 가치가 있다. 구글에게 음성으로 말을 하면 이를 인식하여 검색을 대신 해 주는 기능이 개발되었다. 영어로 길을 물으면 지도를 불러내어 길을 안내하기도 한다. 대단한 발전이며 무한한 잠재적 가능성을 본다. 한국말을 인식하게 하는 능력을 개발해야 하는 것은 한국말을 하는 우리들의 몫이다. 그럼에도 불구하고 사람의 언어 능력에 미칠 것으로 기대하기는 어렵다. 연속된 연설을 종합적으로 이해하거나 남녀의 다른 음색이나 사투리조차 이해할 수 있는 식별 능력은 더욱 어렵다. 다른 소음 속에서도 내용을 식별하는 것은 더욱 어렵다. 그럼에도 불구하고 오류가 문제가 되지 않는 제한된 상황에서 상업적 가치가 있는 응용을 찾으면 창업의 기회가 만들 수 있을 것이다. 최근 컴퓨터의 시각 능력을 이용하여 주차장에서 차량 번호를 인식하는 기능이 우리나라의 생활에 보편화되었다. 이 기술이 미국보다 먼저 보급된 것은 인공 지능을 연구한 한국의 학자가 이 기술의 상품화를 먼저 개발했기 때문이다.

　그럼에도 불구하고 인공 지능의 연구 결과가 사람의 오감과 지적 능력에 비교할 수 있는 수준이 아닐 뿐만 아니라, 인간의 지능에 대한 연구 능력의 한계를 인식하지 않을 수 없다. 나는 인공 지능적 창조를 간접 경험 하면서 자연 만물의 창조의 오묘함에 감탄하였다. 연구를 해도 원리조차 완전히 이해할 수 없는 이런 지능이 우연히 진화되어 만들어졌을 것이라는 막연한 기대는 과학적 가설도 아닐 뿐만 아니라, 근거가 없어도 전혀 없다고 말할 수밖에 없다. 오랜 세월이 지나면 그렇게 될 수도 있지 않겠느냐는 막연한 기대의 기간인 수십억 년이란 세월도, DNA의 조합에 필요한 수학적 경우의 수를 생각하면 아주 짧은 순간에 지나지 않는다. 나는 학문을 할수록 하나님의 창조의 신비함에 무릎을 꿇게 된다. 그런데 어떤 사람은 인간의 무한한 잠재력을 보고 그 반대로 오히려 교만해진다. 대담하게 창조주만큼 창조할 수 있는 날이 올 것이라고 기대하는 사람은 지능이 높아서 그렇게 결론을 내린 것일까?

　마침 박사 학위 논문이 미국 의사결정과학회에서 우수 논문으로 선정되어, 추가 연구 내용을 포함하여 책으로 출간하도록 계약이 되었다. 학창 시절에 선망하던 Addison Wesley 출판사에서 출간하게 되어 마음이 몹시 들떠 있었다. 이제 세계적 학자의 반열에 들어서는 것 같은 자부심을 느끼면서 어설픈 착각을 하고 있었다. 당시 나는 교수 아파트에서 살고 있었는데 3천만 원 정도의 전세금을 마련해야 했는데 이 책을 출간하면 전세금이 마련될 수 있겠다는 기대를 하고 있었다. 감사 기도를 드리고 십일조를 드리겠다고 마음먹고 있었다.

그런데 어느 날 예배 중에 상상하지 못한 하나님의 음성이 들려왔다. 나에게만 들려오는 음성이었다. 내 책을 달라고 하셨다. 내 책을 달라고 하심은 그 인세를 모두 달라고 하신 것으로 이해되었다. 십일조를 드리려고 생각하고 있었는데 모두를 달라고 하시는 것이었다. 그동안 많이 받기만 하던 나에게 달라고 하신 것은 처음이었다. 이때 다행히 성경에 나오는 아브라함에게 이삭을 달라고 하신 하나님의 음성이 생각났다. 그래서 "네, 그렇게 하겠습니다."라고 답변을 드리고 나니 얼마나 큰 기쁨이 내 속에서 넘쳐 나는지 몰랐다. 자세히 생각해 보니 "네 첫 책을 내게 바쳐라."라고 말씀하셨다. '첫 책?' 나는 다른 책을 계획한 적도 없었다. 그러나 그 이후 출판사들과 계약이 이어졌고 알지도 못하던 Efraim Turban 교수와 *Electronic Commerce: A Managerial Perspective*란 책을 공저하여 큰 복을 받았다.

아브라함에게 이삭을 달라고 하신 창세기의 이야기는

다음과 같다. 하나님으로부터 이스라엘이란 이름을 받게 된 야곱의 할아버지가 아브라함이다. 아브라함은 아내 사라가 임신이 가능하지 않은 100세의 나이에 하나님이 약속하신 아들 이삭을 낳게 되었다. 얼마나 사랑스럽고 귀하였을까? 그런데 하나님이 그를 모리아 산으로 가서 제물로 바치라고 하셨다. 그 당시 다른 종교에서 사람을 제물로 바치는 일이 있었지만 하나님은 이를 금하고 계셨는데, 약속의 아들 이삭을 제물로 바치라고 하신 것이다. 이치에 맞지 않으면 하나님께 따지게 된다. 여기에서 중요한 믿음의 본질을 보게 된다. 이해가 갈 때 순종하는 것과 이해가 가지 않아도 신뢰하고 순종하는 것의 차이다. 그런데 아브라함은 이해가 되지 않았지만 하나님을 신뢰하고 순종을 한 것이다. 그러나 결국 마지막 순간에 하나님이 아브라함의 손목을 잡으시고 이삭을 죽이지 못하게 하신다. 하나님의 목적이 이삭의 목숨이 아니고 아브라함의 마음을 보시고자 하신 것이기 때문이다. 대신 수풀에 걸린 양을 발견하게 하시고 그 양이 제물이 되었다. 그 대신 죽은 속죄양. 그것은 하나님의 아들을 상징한 것이었다.

하나님이 사람이 되어 우리의 생명을 대신하여 자신을 제물로 주시려는 하나님의 마음을 아브라함이라도 알아주기를 원하셨던 것이다. 2천 년이 지난 후 예수 그리스도는 바로 그 모리아 산에서 십자가에 못 박히셨다. 이 계획을 가지신 하나님의 마음을 다 이해하지 못했겠지만 믿음으로 순종한 아브라함은 예수의 조상이 되었다. 하나님은 그 아들의 대속의 피를 믿는 사람은 구원하시기로 계획하셨고, 이마저 부인하는 사람에게는 진노의 심판을 하실 계획이다. 이것이 성경을 통해서 우리에게 알려 주시고자 하는 하나님의 계획 중의 계획이다. 이 계획을 아브라함에게 예표하신 사건인 것이었다. 아브라함은 하나님의 말씀을 순종하여서 믿음의 조상이 되었다. 갈대아 우르에 잘 살고 있던 아브라함을 부르셨는데, 그 번영하던 도시 우르는 지금은 광야에 흔적만 간신히 남아 있을 뿐이나, 하나님이 인도하신 예루살렘 땅은 성지가 되어 있다. 눈앞의 현실보다 더 중요한 미래의 현실은 하나님을 따라감으로 얻게 되는 것을 보여 준 역사적 사실이다.

할아버지가 손녀에게 사탕을 주신 후에 한번 빨아 보자고 할 때 "싫어!"라고 거절하면 찾아온 복을 걷어차는 것이다. 왜냐하면 할아버지는 결코 그 사탕을 빼앗으려는 것이 아니기 때문이다. 등 뒤에 더 큰 솜사탕을 들고 사랑을 더 나누어 주고 싶어서 달라고 놀이를 하신다는 사실을 기억하고 있으면 그 복을 잡을 수 있다. 수험생들이 문제와 답을 알면 합격할 수 있다. 하나님의 시험에 대해 미리 대비하고 있으면 드디어 축복을 잡을 날이 찾아올 수 있다.

성경에는 꿈이나 환상을 통해 하나님의 말씀을 들려주시는 사례들이 있다. 요셉은 이집트의 파라오가 꾼 꿈을 해석하였다. 이집트에 다가올 칠 년의 풍년과 칠 년의 흉년의 꿈을 하나님의 도움으로 해석하여 감옥에 있던 노예 신분에서 일순간에 총리가 되었다. 영화보다 더 영화 같은 역사적 사실이었다. 또한 이스라엘 민족이 바벨론으로 포로로 끌려가 70년을 사는 동안 다니엘이 느부갓네살 왕의 꿈을 알아 맞히어 총리가 된다. 느부갓네살 왕은 둘러대는 꿈의 해석을 못하도록 꿈 자체를 맞추라고 하였으니 사람의 능력으로는 도저히 알 수 있는 일이 아니었다. 다니엘은 하나님과 아주 가까이 대화를 하였기에 가능한 일이다. 이런 꿈이나 환상이 오늘날 우리에게도 일어날 수 있을까? 그런데 하나님이 주신 꿈이나 환상의 특징은 세월이 갈수록 더 생생해지고 현실보다 더 생생하게 기억되며 그 꿈을 통한 하나님의 뜻을 이해하게 해 주신다. 자기 최면이나 정신 착란과는 완전히 구분될 수 있는 영적인 체험이고, 결과적으로 자신의 유익을 구하지 않고 하나님의 영광을 구하게 된다.

그 무렵 KAIST는 1989년 대전으로 이전하도록 정부 방침이 정해졌다. 나는 필라델피아로 박사 공부 하러 보내신 뜻이 무엇인지, 언젠가 그 뜻을 알게 될 것이란 기대감을 가지고 하루하루를 지내고 있었다. KAIST 홍릉 캠퍼스에는 후문에서 캠퍼스로 들어가는 길이 있다. 경희대 앞에 위치한 식당가로 가려면 우리는 매일 그 길을 다닌다. 조용한 시간, 바로 그 길에서 예수님의 환상을 보았다. 나는 여섯 살 난 천방지축 어린아이이었고, 예수님은 할아버지의 모습이었다. 내 손을 잡고 가자고 하셨다. 보이는 캠퍼스는 폐허였다. 낡은 건물이란 뜻이 아니다. 영적인 폐허를 향하여 집중력이 없이 깡충깡충 뛰는 나의 손을 잡고 예수님은 가자고 하신 것이다. 나는 정지된 화상처럼 예수님과 나의 모습을 바라보았다.

그날부터 이 환상이 무슨 뜻인지 알고자 기도를 드렸다. 나는 책을 한 권 드린 것으로 대단한 것을 드렸다고 생각하고 있었다. 그런데 기도를 하면서 이제는 나 자신을 송두리째 내려 놓고 가자고 하신 길을 따라가야 한다는 마음이 들었다. 마치 이삭을 바친 아브라함같이 나의 모든 것을 드린다고 말씀드렸다. 어디로 보내실지 두려운 마음도 들었지만 하나님을 신뢰해야 한다는 마음을 먹었다. 그렇게 사흘을 지난 후 하나님께서 나에게 소명을 주셨다. 그 폐허의 캠퍼스에 나를 다시 내려 놓으시면서 하나님의 사랑의 말씀을 전하는 캠퍼스 선교사가 되라고 하셨다. 남들이 볼 때는 나는 3일 전과 꼭 같은 교수였다. 그러나 나는 완전히 다른 사람이 되었다.

우리는 하나님이 부르시면 광신자가 될까 봐 두려워한다. 사실 사이비 교주의 부름을 받으면 모든 것을 빼앗기고

패가망신하게 되니 경계를 해야 한다. 사이비 교주의 부름에 따라가면 광신자가 된다. 그러나 이런 가짜에 대한 경계가 지나쳐서 하나님의 부름까지 거부하게 되면 가장 중요한 축복의 기회를 놓치게 되므로 잘 분별하여야 한다.

귀국 후 교수 아파트에 살았는데 믿음이 좋은 교수들과 함께 성경 공부를 하였다. 나는 성당을 다녔지만 여러 해 성경 공부를 같이 하면서 성경에 대한 이해가 늘었다. 개신교와 가톨릭의 차이가 무엇인지도 조금씩 이해하게 되었다. 어느 날 동료 교수가 온누리교회의 예배에 초청하였는데 나는 극구 사양하였다. 너무 사양하기 미안해서 한번 참석했는데 왜 그런지 내 죄가 그렇게 느껴지고 회개의 눈물이 흘렀다. 아내도 마찬가지였다. 몇 주 계속 그랬다. 그래서 내가 있어야 할 곳이 여기인가 생각하게 되었고, 훗날 2000년 성탄절 날 장로가 되었다.

그러나 1989년 무렵 나는 성경 지식이 많지 않았다. 그리고 학생들도 나에게 경영정보시스템을 배우러 왔지 성경을 배우러 온 것이 아니므로 강요해서도 안 되었다. 그동안 지도 학생이 졸업할 때면 성경책을 선물하고 기도를 해 주었다. 나의 생활 모습을 보면 저절로 하나님의 사람의 향기가 전해질 것이라고 기대를 했는데 학생들은 전혀 그런 냄새를 맡지 못하였다. 그냥 날카로운 학자일 뿐 향기 나는 사람이 아니었던 것이다.

그러나 예수님이 내 손을 잡고 걸어가신 후에는 내가 달라져야 했다. 지도 학생을 한 사람씩 우리 집에 초청하여 저녁 식사를 대접하고 개인적인 대화를 나누었다. 신앙에 대해서도 물어보고 예수님을 아는지도 물어보았다. 학생들은 초청이 부담스럽기도 했지만 자신들의 영혼에 대한 관심에 감사히 생각했다. 거의 모든 학생들이 한 번씩 방문할 무렵, 학생들이 아예 함께 성경 공부를 하자고 하였다. 희망자에 한해서 매주 성경 공부를 한 번씩 했는데 너무나 행복했고 하나님을 조금씩 알아가는 계기가 되었다. 믿음의 성장은 콩나물에 물 주는 것과도 같다. 물이 다 빠져나가는 것 같지만 나중에 보면 콩나물은 자라났다. 이 학생들은 한 명씩 세례를 받기 원했고, 학문뿐만 아니라 생명의 신앙이 중요하다는 것을 깨달았다. 연구를 열심히 하였고 자신의 소명을 발견해 가고 있었다.

내가 속해 있던 경영과학과는 다른 이공학 분야와 함께 대전으로 이전하였다. 서울의 홍릉 캠퍼스에는 서울 분원이 설립되었는데 나는 서울에 혼자 남아서 경영정보 전공을 설립하였다. 내 손을 잡고 가신 분이 없었다면 이런 선택을 하기 쉽지 않았겠지만 나의 결정은 정해져 있다고 생각했다. 서울 분원에서 캠퍼스 선교사가 된 것이다. 연구실 학생들과 성경 공부 하는 것만으로는 캠퍼스에 말씀을 전하는 것이 한계가 있어서 캠퍼스에 있는 하나님의 사람을 찾아야겠다는 생각이 들었다. 그래서 게시판에 '하나님의 사람을 찾습니다'라고 안내문을 붙였다. 그래서 12사도처럼 12명이 모였다. 그런데 교수는 나밖에 없었지만, 학생들과 직원 선생님들이 모였고, 과학원 교회를 섬기시는 김준성 목사님이 함께 모였다. 문현경 실장님은 젊은 나이에 이 자리를 함께하여 한결같은 믿음을 보여 주었다. 이렇게 20년 전 과학원 기독인 모임이 시작되었다.

과학원 기독인 모임은 교수와 학생과 직원이 함께 만나는 유일한 모임이다. 그리고 홍릉 지역 주변에 있는 연구소와 대학이 함께 모여 '홍릉 지역 연합 신우회'를 이루게 되었다. 함께 예배를 드리고 연말에는 홍릉 문화제를 함께 하여 어린 아이같이 찬양과 경배를 드렸는데 올해로 20년째 계속되고 있다. 그 이전에는 인접된 기관은 영토 분쟁의 대상이었지만 연합 신우회에서는 진정한 우정을 나누는 이웃이 되었다.

유정란을 품으면 새 생명이 자라고 병아리가 태어난다. 썩어 버릴 무정란과 다른 것이다. 뿌리가 있는 나무는 잎이 없어도 봄이 되면 새싹이 난다. 뿌리 없는 나무는 꽃이 피었어도 곧 시들어 버린다. 학생들이 좌절하고 자살하는 원인과 해법은 단순하지 않겠지만, 적어도 생명의 근원인 하나님을 만나면 자살을 하지 않는다. 생명력이 있으면 역경이 사람을 더 연단시키지만, 생명력이 없으면 역경에서 좌절하고 시들어져 버린다. 드디어 생명 방정식의 열쇠는 하나님의 생명이란 것을 알게 되었다. 오랜 숙제의 답을 찾았다.

하나님이 우리 안에 계시면 천지 만물에서 하나님의 손길을 느끼게 되고, 감사하는 마음이 생기게 되고, 하나님의 마음을 품게 된다. 꽃 장수에게는 꽃이 돈벌이 수단으로만 보이지만 하나님의 사람에게는 꽃을 만드신 하나님의 손길이 느껴진다. 하나님은 우리들에게 값진 일을 시키시기도 하시지만, 함께 노는 것을 더 좋아하신다. 정말 가까운 사람은 일을 같이 할 뿐만 아니라, 함께 살면서 사랑하는 관계인 것이다. 하나님께서 우리 손을 잡고 가시고자 꽃밭을 주셨다. 사람이 사랑을 하면 시인이 된다고 한다. 하나님을 사랑하면 하나님의 시인이 된다. 누가 뭐라고 해도 하나님의 마음을 기록하게 된다.


네 손 잡고 걷고 싶다


망원경으로 별을 보나
우주 지으신 창조주는 못 보는 장님

작은 지식의 교만으로
큰 지혜에 눈멀었구나


님의 마음 품은 자
그 마음이 지혜의 샘이다
그 눈이 님을 본다


푸른 하늘 스치는 바람에
님의 숨결을 느낀다
토끼 모양 뭉게구름에
심심한 마음이
님이 주신 장난감을 본다


어여쁜 장미꽃, 넉넉한 호박 넝쿨
가을의 국화, 겨울 가지 눈송이
너희는 어찌 그리 아름답게 생겼느냐


네가 좋으라고 그리 만드신 것이다
님이 너와 함께 놀고 싶으신 것이다
이 꽃밭을 네 손 잡고 걷고 싶으신 것이다

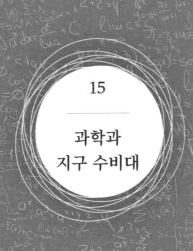

# 15

---

## 과학과
## 지구 수비대

2004년 가을 싱가포르에 새로운 경영대학교(Singapore Management University)가 설립되었는데 정보시스템대학에서 부학장 청빙이 들어왔다. SMU의 Steven Miller 학장은 나를 임용하기 위해 서울로 두 번을 찾아왔었는데 나중에 보니 대단한 정성을 다한 것이었다. 어떻게 해야 할지 판단하기 힘든 기회이었지만 결국 SMU에서는 영년직 심사를 하여 임용하였고, KAIST에서는 휴직을 한 상태로 2년 이내로 최종 결정 한다는 조건으로 2005년 여름 싱가포르로 향하게 되었다. 그러나 다음해 KAIST에서 경영대학을 맡아 달라는 요청을 받고 경영대학을 설립하면서 KAIST로 귀환하게 되었다. SMU의 Steven Miller 학장에게는 1년 만에 귀국하는 것이 너무 미안했지만, 경과의 내용을 사전에 공유했기 때문에 우리는 깊은 우정을 지금도 유지하고 있다.

그런데 경영대학 학장의 직무를 수행하는 조직 구도가 처신을 하기 어려워 1년 후 학장직의 사의를 표하였다. 그랬더니 생각하지도 못했던 EEWS(Energy, Environment, Water and Sustainability)란 분야의 학장을 맡아 달라는 요청이었다. 이 분야는 제 전공 분야가 아니고 지식도 없다고 사양하였다. 그런데 총장의 신념은 확고하였다.

"인류는 에너지, 환경, 물 그리고 자원의 한계에 봉착하게 됩니다. KAIST가 이 문제를 해결하는 선도적인 대학이 되면 다른 학교들이 뒤따라오게 됩니다. 다른 학교가 뒤따라오면 앞서게 되는 것입니다."

이렇게 상륙 작전을 해야 앞서갈 수 있다는 논리인데 KAIST가 선택한 상륙지는 EEWS라고 하였다. 그렇게 하여 EEWS에 대해 관련 전공 교수들에게 배우면서 섬기기를 시작하였고, 현재는 EEWS연구 센터의 형태로 이 꿈이 이어지고 있다.

과학 기술의 발전은 찬란한 인류 문명을 개발하고 가난을 극복하는 수단으로 기여하였다. 기후 변화와 에너지 고갈과 같은 지구적 도전은 기술 발전 없이는 극복이 가능하지 않다. 그러므로 녹색 기술이라고도 표현할 수 있는 EEWS의 기술 개발이 우선 되어야 한다. 미래를 열어 갈 원천 기술은 에너지 환경 기술, 정보 기술, 바이오 기술, 나노 기술이 주를 이루며 이들 기술이 융합하여 시스템으로 발전하게 된다. 일반적인 개념의 자연 과학은 창조 질서의 법칙을 발견하는 것이고, 공학은 그 과학 지식을 활용하여 사람들에게 유익한 상품을 경제적으로 만들기 위한 기술을 개발하는 것을 목표로 한다. 그러나 그 기술을 이용하여 기업의 형태로 생산·판매하는 과정은 경영학의 영역이고, 자유 시장 경제로만 환경 문제를 해결할 수 없으면 녹색 정책의 수립이 필요하게 된다.

환경 파괴로 법을 어기는 기업에 대해서 책임을 묻는 법이 필요하게 되는 것이다. 그런데 탄소 배출 규제 문제는 한 나라만의 의지로 달성할 수 있는 것이 아니므로 UN을 중심으로 국제 협약이 필요하다. 그러므로 과학 기술의 개발이 성장을 위하여 가장 앞장서게 되고 뒤이어 경영, 정책과 법, 국제 협약이 뒤따라온다. 이들을 유기적으로 융합해야 기술 개발이 경제 성장으로 연결될 수 있다. 이런 전주기적 관점에서 나는 경영학 교수로서 과학 및 공학 교수들과 협력을 하기 시작한 것이다,

이 일이 있기 2년 전 동경에서 개최되는 Web Conference에 갔었는데, 여기에서 하나님을 깊이 만나는 일이 일어났다. 보통 우리는 기도를 드리면서 먼저 간구를 하는 것이 대부분이다. 그런데 간혹 하나님께서 먼저 찾아오셔서 말씀을 하신다. 사무엘을 부르셨다거나, 요나에게 니느웨로 가라고 하시거나, 사울이 예수를 핍박하러 가는 길에 찾아오셔서 눈이 멀게 하신 후 사도 바울이 되게 하셨다거나 하는 것처럼 하나님께서 먼저 말씀을 시작하는 경우가 있다. 동경만에서는 하나님께서 먼저 말씀을 하셨고, 3일간 꼬박 말씀을 들었다. 나는 잘 이해할 수도, 감당할 수도 없는 말씀이었다. 요점은 '네가 나누어 주어라'는 말씀이었다. 그런데 무엇을 나누어 줄 것인지, 내가 가진 것이 없는데 어디에서 구하여 줄 것

인지는 알지 못하였다. 오병이어(다섯 개의 빵과 두 마리의 물고기로 5천 명을 먹이고 열두 광주리가 남은 기적)의 기적과 같은 일이 일어나기를 기대하면서 기다릴 수밖에 없었다.

그런데 총장께서 EEWS 기획단을 맡으라고 하시니 이것이 하나님께서 나누어 주라고 하신 일인 것 같다는 생각이 들었고 점점 확신이 커졌다. 기후 변화로부터 지구를 보호하거나 에너지 고갈에 대비하여 친환경 재생 에너지를 발굴하는 일은 우리가 반드시 해결해야 할 일이라는 마음을 갖게 되었다. 그러나 내 논문을 쓸 수 있는 것도 아니었고, 어리석게 봉사만 하고 나의 학문적 실적에도 도움이 되지 않았다. 그러나 나는 하나님께서 맡기신 일이라는 마음으로 이 주제를 연구하는 교수님들을 돕고 이를 통해 KAIST와 우리나라에 어떻게 하면 도움이 될까 기도하면서 이 직분을 수행하였다.

처음에는 연구할 수 있는 교수들의 역량을 파악하여 상향식(Bottom Up)으로 접근하였다. 다음 해에는 정부의 신성장 동력과 부합되는지 비교하여 하향식(Top Down)으로 평가하여 방향을 정립하였다. 아울러 세계 신기록(World Record)과 비교하여 우리의 현 위치를 진단하고 우리의 연구의 목표를 적어도 세계 신기록보다 높게 유지하여야 지원하는 원칙을 적용하였다. 교수님들은 부담스러웠지만 취지를 이해하고 분발해 주셔서 40여 개의 세계 신기록을 갱신하였다.

교수님들의 연구 결과를 국제적 학자들과 교류하면서 평가가 될 수 있도록 주제별 워크숍을 개최하였다. 그리고 기술을 사업화할 수 있는 기회를 마련하기 위하여 사업 기획 경진 대회를 개최하고 투자 설명회를 유치하였다. 학생들에게는 아이디어 축제의 기회를 제공하였다. 아울러 녹색 기술을 활용하여 사업을 어떻게 수행했는지 성공적 사업 모델을 사례로 발굴하였다. 또한 나의 경영학적인 안목과 이공계 교수님들의 기술적 전문성을 융합하여 EEWS 최고 전략 과정을 개설하였는데 산학 협력의 장을 마련하는 계기가 되었다. 네 학기에 걸쳐 이 교육을 수행하고 이 내용을 정리하여 《맑고 푸른 나라 설계》란 책으로 편저하여 녹색성장의 방향을 나름 정리하였다.

우리나라가 가난을 이기려고 지난 50년을 달려왔지만, 경제 성장은 환경 파괴로 이어졌다. 가난을 이기기 위한 노력은 긴 머리 소녀의 머리카락을 잘라 가발로 수출하여야 했고, 해외 탄광에서 석탄을 캐야 했고, 공해 산업이라도 유치하여 식량 문제를 해결해야 했다. 하천은 시커멓게 변했고, 버스 매연은 메스꺼웠다. 이렇게 굶주림을 이기기 위한 처절한 노력은 맑고 푸름을 포기한 눈물 나는 생존 방식이었다. 한강의 기적을 달성한 80년대에 와서 우리도 환경을 돌아볼 여유가 생겼다. 그 이후 한강이 몰라보게 달라졌고, 샛강도 살아나 물고기가 돌아오고 새들도 그 위를 한가롭게 날았다. '맑고 푸르게 잘 살기'의 첫걸음이 시작된 것이다

요즈음 전국 고속 도로를 달려 보면 어디에나 산에 푸른 나무가 빼곡히 심겨 있다. 우리나라가 세계에서 가장 아름답다는 마음이 든다. 그러나 나무를 땔감으로 사용하던 1960년대에는 산에 나무가 없었다. 그래서 외국인이 한국에 오면 칭찬할 것을 찾다가 하늘을 올려다보며 '원더풀'이라 했다 하니 그나마 하늘은 푸르고 아름다웠던 것이다.

그런데 2000년대의 지구 온난화라는 지구적 문제가 발생하였다. 화석 연료는 고갈되고 온실가스 배출로 지구의 온도가 상승하고 있다는 위기감이 세계적으로 공감된 것이다. 우리나라는 경제 성장이 빠른 만큼 다른 나라보다 온도 상승도 더 높고 해수면도 더 높아졌다. 탄산가스 배출을 규제하는 문제는 국경이 없으므로 각 나라가 동참한 교토 프로토콜(Kyoto Protocol)로 공동 해결을 위한 세계적 합의가 이루어졌다. 그러나 탄산가스 배출 규제는 경제 성장을 위해서는 부담스러운 일이고 기업은 앞장서고 싶은 일이 아니다. 이 문제를 어떻게 해결해야 할 것인가?

일반적으로 환경 규제는 비용의 증가를 뜻하며 경제적 부담을 유발한다. 그러나 이 문제가 지구적이면 먼저 준비한

사람에게는 수출의 기회가 주어진다. 그래서 에너지 환경 위기를 극복하면서도 수출 산업의 기회를 선점하면 경제 성장도 이루어 낼 수 있다. 이 개념이 녹색성장의 기본 개념이라고 생각되었다. 기후 변화의 심각성은 지구가 더워지고 재난이 다가와야 '아, 정말이구나' 하고 고통 분담을 하려고 할 것이다. 그러나 그때는 이미 너무 늦었다. 돌이킬 수 없기 때문이다. 하나뿐인 지구를 두고 경제 성장을 이유로 도박을 할 수는 없는 것이다. 우리나라는 경제 성장을 했지만 자살 1등 국가가 되었다. 인터넷으로 정보 통신이 편리해졌지만 사회는 더 위험해졌다. 또 다시 경제 성장으로 생존의 환경까지 파괴한다면 과학이 무슨 소용이 있고 시장 경제가 무슨 소용이란 말인가? 짧은 계산은 하지만 긴 지혜를 잃어버린 것 아닌가?

녹색성장의 방법은 에너지 공급과 수요 차원으로 볼 수 있다. 공급 차원에서는 신재생 에너지의 확대와 단기적으로 불가피한 원자력의 안전화가 대안이다. 재생 에너지란 그 말대로 다시 재생이 가능한 에너지로서 한 번 쓰고 나면 보충 불가능한 화석 연료와 대비된다. 태양광, 풍력, 바이오, 해양, 지열, 폐기물, 수력이 대표적인 재생 에너지이다. 신에너지는 연료 전지, 수소 에너지, 청정 석탄을 포함하는데 원료 자체를 화석 연료에 의존하지만 탄소 배출을 줄여 주므로 이를 합쳐 신재생 에너지라 부른다.

바람의 나라 덴마크는 강한 바람 때문에 농사를 지을 수 없었다. 그래서 달가스(Dalgas)가 방풍림을 심어서 낙농 국가를 이루었다. 바람이 주는 역경을 극복한 지혜로운 일이다. 그런데 이제는 그 강한 바람을 이용하여 바다에서 해상 풍력 발전을 하고, 베스타스(Vestas)는 풍력 발전기 개발을 선도하여 수출을 한다. 2050년까지 풍력으로 50%의 전기를 생산하여, 화석 연료도 원자력도 사용하지 않는 나라를 만들겠다고 한다. 이것은 단순한 경제 개발이 아니고 국가 대변혁이라고 해야 할 것이다. 그런데 우리나라는 신재생 에너지로 2030년까지 11%를 충당하는 것도 벅찬 상황이다. 태양광 발전기를 설치할 공간이 부족하고, 좋은 바람으로 풍력 발전기를 설치할 위치도 부족하다. 바이오 연료를 이용하려면 바이오 매스의 원료를 마치 원유를 도입하듯이 수입해야 할 것이다. 수력 자원은 제한되어 있다. 폐기물을 우선적으로 재활용하겠지만 그 공급량이 원천적으로 제한되어 있다. 이런 상황에서 원자력을 포기하면 석탄 발전소를 더 짓자는 것 외에 대안이 없다.

원자력을 반대하는 취지는 옳다. 대재앙의 위험이 있기 때문이다. 그러나 다른 대안이 없기에 위험을 극복하는 최고의 기술과 관리 능력을 갖춘 국가가 되어야 한다. 지혜로운 나라는 역경을 오히려 축복의 기회로 만들 수 있어야 한다. 원자력을 포기한 독일은 프랑스에서 원자력으로 발전한 전기를 사 올 수 있다. 전기 요금은 우리나라의 2.5배 수준을 유지하여 전력 소비 절약을 하는 구도이다. 그러나 우리나라의 전력은 완전히 고립된 위치에 있다. 원가 이하인 전기료의 인상은 정치적으로 부담이 되어서 안 된다고 한다. 그리고 원자력은 위험해서 안 된다. 그러면 어쩌자는 것인가? 어떤 주장에는 반드시 대안을 내놓아야 한다. 대안을 내놓지 못한 반대는 얼마나 무책임한 것인지 모른다. 그런데도 우리 사회는 선동적으로 반대만 하고 선거에 이용하는 분노의 정치를 하고 있다. 국민들이 지혜롭게 분별하여 판단하지 않으면 우리나라도 파멸될 수 있음을 경계해야 한다. 그러나 원자력의 안전에는 조금도 양보를 하면 안 된다. 위험이 없는 듯 위장하지 말고, 위험 요인을 사전에 규명하고 대책을 미리 세우는 것이 더 신뢰받을 수 있는 방법이다. 폐기 비용까지 전주기를 감안한 원가 계산을 해서 원자력에 지나치게 의존하지 않게 경제성을 정당하게 평가해야 한다. 세월호 사건과 비교할 수 없는 엄청난 안전 재앙의 위험은 국민을 안심시키는 계몽으로 예방될 수 있는 문제가 아닐 것이다.

신재생 에너지의 보급을 위한 장애 요인은 아직 경제성이 떨어진다는 점이다. 그래서 정부가 연구 개발과 보급의 지원을 해야 한다. 이것은 결국 세금의 증가나 전기 요금의 인상을 야기하게 될 것인데 이것을 감내하여야 한다. 수출을 하여 경제 성장을 하지 못한다면 신재생 에너지 보급 사업이 경제에 부담이 될 뿐만 아니라, 석유 대신 신재생 에너지의 수입이 늘어날 뿐이다. 우리나라에 설치된 풍력 발전기는 대부분 덴마크 Vestas 회사에서 수입한 제품이다.

석유 한 방울 나지 않는 우리나라에서 석유 화학 제품이 1등 수출품이 되었다. 전자도, 조선도, 자동차도 수출로 성장한 산업이고 그 위에 우리나라의 경제 성장이 있었다. 신재생 에너지도 수출 산업화하지 못하면 우리나라의 에너지 산업은 새로운 족쇄에 매이게 된다. 걱정스러운 것은 이미 중국이 우리보다 앞서가고 있다는 사실이다. 풍력 산업이 조선 산업보다 커지고, 태양광 산업이 반도체 산업을 능가할 것이라 전망되는데 미래 산업을 선점하고 있지 못한 것이다.

에너지 문제 해결의 50%는 수요 효율화 차원에서 찾아야 한다. 이 목표를 달성하기 위해서는 에너지 소비가 높은 부문의 에너지 절약과 배출된 탄산가스의 회수가 관건이다. 에너지 절약은 전기 자동차, LED 조명, 친환경 에너지 절약형 전자 제품과 녹색 건축물을 확대하여 해결책을 찾아야 한다. 이는 기존의 자동차, 조명, 전자 제품, 건설 산업의 대변혁을 뜻한다. 이들 산업을 위한 녹색 기술 개발과 기업의 변신이 필요하다. LED 조명과 에너지 절약형 전자 제품 개발은 성공적으로 선도되고 있어서 다행이다. 건설도 에너지 규제에 따라 에너지 절약형 건물이 보급될 것으로 예상된다. 그러나 친환경 자동차 시대로의 변환은 혁명적 변신이 필요한데 아직은 시장 성숙을 저울질하며 더디게 움직이고 있어서 걱정이 된다.

마지막 대안은 배출 불가피한 탄산가스를 포집하여 매립하거나 자원화하는 방안인데 이 방법은 또 다른 에너지를 소모하게 되므로 아직 연구 초기 단계이다. 매립할 장소를 찾는 것도 한계가 있다. 식물은 탄소 동화 작용으로 공기 중의 탄산가스와 태양광과 물과 흙을 이용하여 모든 먹거리의 원천을 만들 뿐만 아니라 탄산가스도 균형을 이룬다. 이 원리를 모방하여 인공 광합성 기술을 연구하고 있지만 아직 초보 단계이다. 포항제철에서 발생하는 탄산가스를 인공 광합성으로 자원화하기 위해서 50Km²의 공간에 태양광 포집 설비를 설치해야 한다고 하니 자연의 아름다운 생태 숲이 아닌 이런 장치의 공간을 설치한다는 것은 실현 가능한 것 같지 않다. 창조주의 오묘한 손길에 감탄하며 나무 한 그루를 다시 보게 된다. 이처럼 맑고 푸르면서도 잘 살기 위한 새로운 경주가 치열하게 벌어지고 있다. 우리의 미래는 이 경주의 승패에 달려 있다고 해도 과언이 아니다. 이 목적을 향한 해법을 찾아《맑고 푸른 나라 설계》라는 책을 편저하고 강의를 개발하였다.

　　MB정부는 녹색성장을 위한 국제기구를 만드는 환경 조성을 했지만 녹색 기업의 경쟁력의 육성까지는 달성하지 못하였다. 단시간에 달성할 수 있는 문제가 아니었기 때문일 것이다. 현 정부는 창조 경제란 이름하에 기후 변화와 에너지 문제, 환경 문제가 분산되어 추진되고 있는데 유기적 기획을 더 보강할 필요가 있다. 녹색성장은 어느 정권의 구호로 끝날 문제가 아니므로 정권의 한계를 넘어선 연속된 정책을 필요로 한다. 창조 경제의 개념도 이번 정권에서만 강조할 문제가 아니다. 창조적 노력이 필요한 것은 다음 정부에서도 계속 이어 가야 할 일인데 다음 정부는 또 다른 구호를 들고 나와서 연속되어야 할 일을 중단하게 된다면 국가적으로 큰 손실이 된다. 장기적 지속성과 새로운 창조성이 균형을 이루는 국가가 되어야 안정적이면서도 역동성을 가질 수 있을 것이다. 필수적 지속성을 존중하는 관대함을 가진 정부가 가장 중요한 전통을 새롭게 수립하는 정부가 될 것이다. 이런 안목이 가진 지도자가 우리나라의 미래를 밝힐 것이다.

　　EEWS가 3년째 계속되고 있는 즈음 청와대의 김상협 녹색성장기획관(수석 비서관급이다.)에게서 전화가 왔다. EEWS 기획단에서 무엇을 하고 있는지 설명을 듣고 싶다고 했다. KAIST EEWS 기획단에서 대학 차원으로 녹색성장을 위해 할 수 있는 기술 개발과 인재 양성의 노력에 공감을 해 주신 것이었다. 이 첫 만남이 인연이 되어 나는 녹색성장 위원회 민간위원으로 참여하여 배우기도 하고 정책에 대한 조언을 하기도 하였다. 그 당시 정부는 녹색성장을 지속하기 위한 GGGI, GCF, GTC 세 가지 기구를 설립하는 데 총력을 기울였다.

GGGI(Global Green Growth Institute)는 개도국에 대한 녹색성장을 기획하고 자문할 수 있는 국제기구로서 우리나라가 주도적으로 설립하고 국제기구화하여 한국에 소재하게 되었다. GCF(Green Climate Fund)는 개도국이 탄산가스 배출을 절감할 수 있는 녹색 사업을 수행할 수 있도록 자금을 공급하는 국제기구로 송도에 유치되었고, IMF에 버금가는 규모로 발전시키는 것이 꿈이다. GTC(Green Technology Center)는 녹색 기술에 대한 국가적 기획과 확산을 수행하는 우리 정부의 기구이다. 그런데 이런 국제기구가 있어도 인재 양성이 되지 않으면 목표 달성을 할 수 없다는 인식으로 EEWS와 보완적인 녹색성장대학원을 KAIST 경영대학에 설립하게 되었다.

녹색성장대학원은 녹색 기술과 녹색 정책에 대한 이해를 바탕으로 민간 부문이 녹색 경영을 효과적으로 수행하여 경제 성장의 기회를 발굴하는 연구와 인재 양성을 목표로 한다. 녹색 경영은 공공 부문의 부담을 최소화하고 시장의 기능을 극대화할 수 있는 기업 경영이 가능하도록 그 방법을 연구한다. 그래서 우리는 녹색성장대학원을 '지구 수비대'라고 부른다. 내가 '지구 수비대'라고 선창하면, 학생들은 '녹색성장'이라고 화답한다.

과학 기술의 개발을 사업화하고 창업을 활성화하는 것은 반드시 달성해야 할 중요하고도 어려운 과제이다. EEWS를 통해서 여러 가지 시각으로 시도해 보았다. 기술을 보유한 교수가 창업하는 방법, 연구에 참여한 학생이 졸업하여 창업하는 방법, 자본가가 기술을 사 가서 사업화하는 방법, 산학 협력으로 공동 개발하는 방법 등 다각적인 방법을 시도해 보았다. 그런데 각 방법은 모두 극복해야 할 숙제가 남아 있다. 기술을 보유한 교수가 창업은 하되 사업가로 변신하는 것은 무척 힘든 일이고 대학은 전공 교수를 잃은 어려움이 있다. 학생이 창업하면 아이디어 수준의 사업을 감당할 수 있지만 장기적 연구 개발을 지속하거나, 사업을 확대 운영하기에는 경험도 부족하고 자본도 부족하다. 사업가가 기술을 사 가는 것은 좋지만 사업 초기에는 상당한 기술적 이해와 통찰력이 필요한데 그런 역량을 갖춘 사업가를 찾는 것은 쉽지 않다. 산학 협력에서는 대학의 기술을 지나치게 값싸게 얻으려는 기업의 성향과 대학의 연구실 체계가 상품화 개발에는 적합하지 않다는 한계가 있다. 모든 방법이 시도되어야 하겠지만, 각 방법은 각각 문제점을 극복하는 방안을 정착시켜야 성공할 수 있을 것이다.

소명이란 핏덩이 자식을 얻은 것과 같아서, 무조건적 사랑으로 기르는 것이다. 소명은 우리들의 인생을 값지게 할 것이다. 소명은 어려워도 절망하지 않는 소망을 간직하는 것을 전제로 한다. 소명으로 살아가는 인생이 가장 행복한 인생이라는 것이 육십 년 여정에서 발견한 행복 방정식의 마지막 열쇠이다. 우리 제자들은 자신에게 주어진 소명을 발견하기 바란다. 힘든 일이 우리를 좌절시키는 것이 아니고, 꿈이 없는 것이 우리를 좌절시킨다. 그러므로 소명을 따라 사는 삶에서의 역경은 우리를 더욱 빛나게 할 것이다.


네가 먹여라


온 세상 먹이시고
모든 신음 들으시는
님의 마음


끝없는 수렁 같은 필요의 손길

감당할 수 없는 부담감
작은 손길을 내밀어 보나
감당 못할 굴레에 오히려 좌절한다


돕기는커녕
내 한 몸 보살피기도 절박한
사정을 호소하게 된다


님은 이 부담을 어찌 감당하실꼬
부담보다 더 큰 끝없는 사랑
그래서 아버지이신가 보다


님은 이 소용돌이에서도
우리에게 평안을 주신다
위선자라 탓하시기보다
우리 작은 손길도 기억하신다


완전하지 않아도
님의 사랑 품었기에
부담 안고 뒹군 인생
완전한 인생이라 기뻐하신다

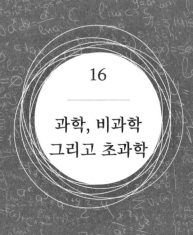

16

과학, 비과학
그리고 초과학

나는 어느덧 과학적 사고를 하면서도 하나님과 성경을 믿는 사람이 되어 있었다. 하나님을 알고 나서는 성경책을 읽게 되었는데 성경책에 기록된 내용과 과학 시간에 가르치는 진화론이 상충되는 부분이 있어 어느 것이 옳은 것인지 혼란스러웠다. 기독교인 교수 중에는 창조 과학을 연구하는 분이 있는데, 이들이 주장하는 창조론과 진화론의 차이가 무엇인지, 또 누가 맞는지 판단을 해야만 했다. 누가 맞는 것인가? 양쪽 모두 일리가 있다면 어디까지가 맞는 것인지 한계를 분별하는 것이 필요한 것 아닌가? 너무나 큰 지식의 원천이 상충되고 있는 현실에서 이에 대한 판단을 하는 것은 매우 힘든 일이다. 그래서 창조 과학의 문헌도 보고 진화론의 문헌도 보아야 했고, 신학의 변증 이론과 철학의 인식론 문헌도 보아야 했다. 아울러 경영 과학적 연구를 한 과학적 연구 방법론도 돌아보면서 종합적으로 이해하려고 노력했는데 매우 난해하였다. 이 탐구에는 대학교 2학년 시절에 전공 분야 선택을 하는 것보다 더 넓고 많은 지식이 필요하였다.

오랜 고민 끝에 관찰 가능한 과학적 지식과 관찰이 불가능한 신앙적 지식을 구분하여 그 본질에 합당한 진리의 발견 방법을 찾아야 한다고 생각하게 되었다. 그래서 과학의 영역을 초과학(超科學; Super-science)의 영역과 구분할 필요를 느꼈고, 초과학의 개념을 비과학(非科學)과도 구별하여야 하겠다고 생각하게 되었다.

　과학은 관찰을 통해 측정하고 확인하여 진리를 발견하는 학문이다. 그런데 관찰 가능한 과학 영역의 문제를 종교나 미신적 믿음으로 잘못 판단하는 것은 비과학적 오류이다. 과학 영역에서는 자연 자체에 내재된 과학적 법칙이 진리이다. 초과학 영역은 과학 영역의 관찰을 연장한 추론으로 진리를 발견할 수 없는 영역을 뜻하며, 과학적 추론만으로는 오류가 발생하는 영역이다. 초월적 창조주가 개입하여 과학적 해석이 가능하지 않은 기적을 일으킬 수 있는 것도 초과학의 영역에 속한다. 그러므로 과학자가 초과학 영역의 창조주를 믿는 것과 과학 영역의 법칙을 연구하는 과학적 태도를 갖는 것은 상충되는 것이 아니다.

　그러나 중세 종교 지도자들은 과학 영역의 문제를 비과학적으로 잘못 이해하여 천동설을 신봉하였는데, 이 가설적 신념은 갈릴레오의 과학적 발견에 의해 여지없이 무너졌다. 종교 재판을 받은 갈릴레오는 '그래도 지구는 돈다'는 진리를 발견한 것이다. 성경과 자연을 피상적으로 관찰한 신학자들이 종교 재판의 권위로 과학적 사실에 대해 잘못 심판한 것이다. 이때부터 종교는 맹신이요 과학과 상충되는 비과학으로 간주되기 시작했다. 그만큼 과학이 진리 발견에 기여한 바가 크다. 종교는 과학 영역에 대해 비과학적 오류를 일으키지 않도록 경계해야 한다.

그러면 인간의 인식과 관찰의 영역을 넘어선 초과학 영역에 대한 진리는 어떻게 발견할 수 있는 것인가? 초과학 영역을 인식 가능한 과학적 추론으로만 결론을 내리면 비약이란 오류를 범하게 되기 때문에 그 답을 찾는 것이 매우 난해하다. 중세의 신학자들이 과학적 진리에 겸손해야 했듯이, 과학자도 초과학의 영역에 대한 비약의 오류를 범하지 않도록 경계해야 한다.

초과학의 영역으로 우주와 시간의 시작과 끝을 생각해 보자. 우주는 유한한 것인가 무한한 것인가? 우주가 유한하다면 그 밖은 무엇인가? 그것은 우주의 다른 이름이 아니겠는가? 우주가 무한하다면 무한의 끝은 무엇인가? 인간의 공간적 인식으로는 유한과 무한이 이해되지 않는 영역이다. 시간도 태초가 있다면 그 이전은 무엇인가? 그 이전에 무엇이 있다면 그 시점을 태초라고 할 수 있겠는가? 시작이란 시점 없이 어떻게 태초가 있을 수 있는가? 시간의 시작과 끝에 대해서도 마찬가지로 언어적 인식의 한계를 인정하지 않을 수 없다. 이런 논리적 추론이 가능하지 않은 영역을 초과학의 영역이라고 정의할 수 있을 것이다. 아무도 우주의 끝을 관찰할 수도 없고, 태초로 시간 여행을 가 볼 수도 없다.

초과학의 영역을 이해하기 위해 통계 분석에서 적용되

는 계획 구간(Planning Horizon)이란 개념을 생각해 볼 필요가 있다. 어떤 현상이 일어나는 데이터의 존재 구간을 뜻하는 것으로 그 영역 내에서만 통계적 예측 결과가 의미가 있다는 뜻이다. 예를 들어서, 수요 공급의 법칙을 측정하기 위하여 가격이 1만에서 2만 원 사이로 변화한 과거 데이터로 수요량과 공급량을 추정하는 관계식을 도출하였다고 하자. 이 관계식은 1-2만 원 사이의 수요를 예측하기 위해서는 확률적이지만 과학적 산물이다. 이 관계식을 이용하여 1.5만 원일 때의 수요를 예측한다면 합리적 추정이다.

그러나 이 관계식에 가격 1억 원을 대입하여 수요를 추정하면 완전히 비약이 되며 사실이 아닌 것이 된다. 초과학 영역에 대해 과학적 추론 방법만 적용하면 이처럼 오류가 발생하게 된다. 그런데도 과학적으로 비약된 결과를 믿는 사람이 있다면 이는 과학자로서의 자세가 아니고 과학 종교로서의 가설을 신봉하는 것이다. 그런데 만일 1억 원의 가격이란 예외적 상황을 경험한 사례가 있다면, 그 결과는 관계식으로 추론된 값과 다르지만 그 값이 진리인 것이다.

과학과 초과학 영역의 경계가 명확하지 않은 경우도 있다. 예를 들어서, 아무도 10만 원일 때의 실제값을 가지고 있지 않다면 이 관계식을 적용하여 해석하는 것이 과학적이라고 해야 할지 모호하다. 이런 영역에 대한 어느 정도의 혼돈은 불가피해 보인다. 그러나 가격이 0원일 때나 무한대일 때에 이 관계식을 적용한다면 이는 명백히 비약의 오류를 범하게 된다.

　인간의 관찰의 한계를 예시하기 위하여 여름에만 생존하는 여름살이라는 존재를 상상해 보자. 우리의 짧은 인생과 인식의 한계를 여름살이에 비유할 수 있을 것이다. 여름살이는 여름철 나무의 성장 과정을 관찰하고 그 연장으로 태초의 나무의 모양을 유추하려고 한다. 관찰에 의거하여 태초의 나무의 모양을 유추한다면 아주 작은 나무 모양으로 태초의 나무를 유추할 것이다. 아무도 그의 추론을 거부할 과학적 근거를 제공하지 못할 것이다. 그러나 나무의 출발은 씨앗에 있다는 것이 진리이다. 씨앗이 땅에 묻혀서 나무의 떡잎이 나왔다는 기록이 있다면 여름살이가 한 번도 관찰해 보거나 경험해 보지 못했으므로, 과학적 관찰과 상충되고 여름살이 과학자는 이를 이해할 수 없을 것이다. 이런 영역의 추론을 초과학이라고 볼 수 있다. 초과학 영역의 씨앗의 존재가 관찰의 추론 결과와 일치하지 않을 지라도 씨앗의 존재가 진리이다. 사계절을 경험한 사람에게는 씨앗이 과학의 영역이지만 여름살이에게는 초과학의 영역이다. 이처럼 창조주께는 과학의 영역이 우리에게는 초과학의 영역인 부분이 있다. 그러므로 초과학 영역에 대해서는 창조주가 하신 말씀을 받아들이는 것이 초과학적 진실을 알 수 있는 방법이다.

다른 예로, 풀잎을 먹고 사는 애벌레는 그가 나비가 되어 꿀을 먹을 것이란 사실을 애벌레적 관찰만으로는 전혀 이해할 수 없다. 나비의 세계가 애벌레에게는 초과학의 영역이다. 애송이의 꿈의 예화로 초과학의 진리를 발견하는 예를 유추해 보자.


아름답고 착한 애벌레, 애송이가 소나무에 태어났다. 애송이가 태어난 소나무는 푸른 잎이 무성한 아름답고 큰 소나무이다. 애송이는 싱싱하고 향긋한 솔잎 먹기를 무척 좋아한다. 아버지와 어머니의 사랑 속에 애송이는 행복했다. 애송이는 훌륭한 과학자가 되기 위해 열심히 공부했다. 애송이의 아빠와 엄마는 그런 애송이가 자랑스러웠다.

그러던 어느 날, 아버지 애벌레가 번데기가 되어 죽어가는 것을 보고 애송이는 너무나 슬펐다. 엄마 애벌레에게 물었다.

"엄마, 아빠가 죽으면 어떻게 되는 거야? 다시 애벌레로 태어나는 것인가요? 이런 큰 소나무에 다시 태어났으면 좋겠어요."

그런데 주변에서 '죽으면 그만이야'라는 애벌레도 있고, '다른 동물로 태어난다'고 하기도 하고, 절대 알 수 없는 일이고도 한다. 그러나 엄마 애벌레는 대답하셨다.

"아빠는 죽으시는 것이 아니라 나비가 되실 것이란다. 우리는 날개 달린 나비가 되어 꽃 사이를 날아다니게 된단다. 우리는 솔잎을 먹지 않고 꽃 속의 꿀을 먹게 된단다."

애송이는 어머니의 말씀이 전혀 이해가 되지 않았고, 납득할 수가 없었다. 학교에서 과학 선생님에게서 죽음 이후에 대해서는 관찰하거나 증명된 것이 없기 때문에 죽음 이후에 대해서는 아는 것이 없다고 배워서 더욱 혼란스러웠다. 그래서 어머니께서는 어떻게 그것을 아시냐고 물었다. 애송이의 어머니는 "하나님께서 그렇게 말씀하셨다."라고 대답하셨다. 애송이는 너무나 신기해서 과학자적 자세로 어머니에게 캐물었다.

"엄마는 나비를 보셨어요?".

"아니."

"엄마는 꿀을 먹어 보셨어요?"

"아니."

"엄마는 꽃을 보셨어요?"

"아니."

"엄마, 그렇게 보지 못한 것을 어떻게 믿으세요? 비과학적이고, 확인되지 않았네요."

애송이는 눈이 없다는 것이 무엇인지조차 깨닫지 못하

는 애벌레이다. 어머니는 말씀하셨다.

"우리는 눈이 없어서 볼 수가 없단다. 그러나 우리를 위해 죽을 만큼 사랑하시는 하나님의 말씀이니까 믿는 것이란다. 하나님을 신뢰하니까 이해되지 않는 나비와 꿀의 약속을 믿는 것이란다."

잘 이해가 되지 않는 애송이는 친구 학자들과 나비에 대해서 연구를 하고자 하였다. 증거를 찾고 과학적으로 관찰을 하고자 했다. 그러나 아무것도 인식할 수 없었다. 친구 애벌레는 아무 증거도 발견할 수 없으므로 나비와 꿀이 존재한다는 증거가 없다고 결론을 내렸다. 끝내 죽음 후에 아무것도 없다고 생각하고 향락을 하다가, 고통스러운 일을 만나자 더 살 필요도 없다면서 자신이 스스로 죽음의 시간을 결정하였다.

그러나 애송이는 어머니와 하나님께서 거짓말을 하실리가 없다고 믿었다. 애송이도 하나님의 말씀 책에 기록된 나비 이야기를 읽고 믿었고 살아 계신 하나님과의 대화를 통해 하나님을 뜻을 이해하게 되었다. 그래서 애송이는 나비가 될 꿈을 가지고 살았다. 꿈을 가진 애송이는 희망을 가지고 살았다. 그래서 행복했다. 죽음의 두려움도 없어졌고, 솔잎을 친구들에게 나누어 줄 수 있는 마음의 여유도 생겼다. 애송이는 나비의 꿈을 품고 살다가 나비가 되었다.

애송이의 꿈과 같은 부활과 영원한 생명에 대한 약속은

성경에 기록되어 있다. 지금도 우리 가운데 임재하심으로 살아 계심이 확인되는 하나님의 약속이다. 구원자 예수 그리스도를 믿으면 천국에서 그 영원한 생명을 누릴 수 있다는 약속이다. 천국에서 생명수를 마시게 될 것과 생명나무의 열매를 먹게 될 것이 약속되어 있다. 우리는 애벌레와 같아서 이런 미래의 일을 미리 보거나 관찰할 수는 없다. 부활, 영생, 생명수, 생명나무와 같은 축복의 약속은 우리의 인식 수준을 넘어서는 약속이다. 오로지 하나님을 믿음으로 이 약속도 믿어서 영원한 생명의 축복을 받을 수 있는 초과학의 영역이다. 부활과 영원한 생명을 알려 주는 약속은 요한복음에 기록되어 있고, 생명수와 생명나무는 요한 계시록에 기록되어 있다. 애벌레가 나비가 되어 꽃 사이를 날며 꿀을 먹음을 우리에게 보여 주심은, 우리의 미래에 있을 천국을 깨닫게 해 주시려는 하나님의 세심하신 안내 표시일 것이다.

우주의 태초에 관한 추정이 인간에게는 초과학의 영역인 것같이, 무생물에서 생물이 탄생한 것도 초과학의 영역일 것이다. 죽은 시체의 성분이 살아 있는 생명체와 물질적으로 동일하여도, 실재는 삶이 죽음과 다른 만큼 본질적으로 다르다. 생명체의 유전자 구조를 관찰한다고 생명의 창조주를 발견할 수 있는 것이 아닐 것이다. 모든 물질에 대한 원소 주기율표를 발견하고 물질의 구조를 발견하였다고 물질의 근원인 창조주를 알 수 있는 것은 아니다. 피조물에 대한 관찰 자체만으로 창조주를 유추할 수가 없다면 우리는 창조주를 어떻게 발견할 수 있는가? 다만, 창조주가 스스로 그 창조 사실을 말씀해 주어야 알 수 있다. 이 사실을 기록한 책이 성경이다. 스마트폰의 제품 자체의 구조와 소재를 분석한다고 그 스마트폰을 설계한 사람이 누구인지 알 수는 없다. 매뉴얼을 찾아서 읽어야 알 수 있는 것과 같다. 세월이 10억 년이 흐르면 우연히 스마트폰이 만들어져 버릴 가능성이 있겠는가? 결코 아니다. 달이나 화성에서 스마트폰이 발견되지 않음과 같다.

천지 만물의 창조를 주장하는 신은 성경의 하나님밖에 없고, 감히 창조를 주장하는 다른 신은 전혀 존재하지 않는다. 성경에서 하나님은 '스스로 존재하는 분'이라고 자신을 설명해 주셨는데 우리가 완전히 이해할 수 있는 존재가 아니다. 그러나 논리적으로 완전히 이해되지 않지만 하나님을 신뢰하기에 그분의 말씀을 사실로 받아들이는 것이 초과학 영역에 대한 진리의 발견 방법이다. 이 방법은 과학적 관찰에 의한 접근 방법과 다르므로 믿음이라고 표현하는 것이 적합하다. 그러나 성경은 창조주가 하나님이란 사실을 알려 주는 것이 주목적이고, 천지 만물을 어떻게 창조했는지 창조 과정을 과학적으로 설명하는 것을 목적으로 기록되지는 않았다. 마치 스마트폰의 매뉴얼이 누가 왜 만들었는지를 설명하되,

제조 공정을 모두 설명하는 것이 목적이 아닌 것과 같다.

초과학적 진리를 아는 방법은 창조주께서 우리 수준에 맞게 성경에 기록하신 것을 읽고, 창조주의 임재로 그 말씀을 깨닫게 됨으로 알 수 있다. 창조주는 창조하고서는 떠나버리신 존재가 아니고 성령으로 우리와 함께 하시기 때문에 하나님과 대화할 수 있다. 그러나 모든 사람이 하나님과 대화하는 것은 아니므로 하나님과 대화하지 않았다는 것이 하나님을 부인할 수 있는 과학적 근거가 되는 것은 아니다. 그러므로 초과학적 진리에 대한 이해의 차이는 그 사람의 영혼에 하나님의 영이 임재해 있느냐 여부에 따라 결정된다. 하나님의 영이 그 사람 안에 있으면 하나님의 창조를 인정하게 되고, 그렇지 않으면 영적 경험의 세계가 제한되어 있어 하나님의 존재를 간과한 채 논리만으로 추론하게 된다. 영적 감각이 없는 사람은 하나님을 느껴 본 적이 없다. 그러나 무감각이 존재가 없음을 증명하는 기준이 될 수는 없다. 유정란은 어미 닭이 품고 있으면 병아리가 되어 태어나지만, 무정란은 부패하여 악취가 된다. 무정란이 부패하는 것을 근거로 병아리의 존재를 부인할 수는 없다. 신이 죽었다고 말해서 유명해진 니체는 다른 사람을 구원하기는커녕 자신조차 주체하지 못하고 자살을 시도하였다.

초과학 영역은 관찰이 불가능하기 때문에 거짓으로 우

리를 미혹시킬 수 있는 위험이 있다. 사이비 종교가 이런 위험 요소이다. 사이비 종교 때문에 창조주의 진실조차 매도될 위험이 있다. 그러므로 사이비 종교에 의해 미혹되지 말아야 한다. 사이비 종교를 구분하는 방법으로 그 열매를 보면 알 수 있다. 하나님이 다스리는 진리에는 사랑과 기쁨과 평안과 인내와 친절과 선과 신실함과 온유와 절제의 열매를 맺는다. 그러나 사이비는 겉치레는 유사하여도 결국은 교주가 돈과 정욕과 권력을 탐한다. 우리에게 이에 대한 분별의 능력이 필요하다.

관찰 가능한 영역 내에서의 진화의 법칙은 자연의 법칙이다. 그러나 진화의 법칙을 확대 해석하여 무생물에서 생물이 만들어졌고 그 이후에 진화하였다고 추론한다면 초과학 영역에 대한 비약이 될 수 있고 과학적 사실로 확인된 것도 아니다. 이런 과학 종교적 태도는 과학의 영역과 진리를 바르게 분별하기 위해서 과학과 구분되어야 한다. 이 과학 종교적 가설은 성경의 기록을 믿는 믿음보다 오히려 가능성이 희박한 비약이지만 마치 과학적 사실인 양 주장되고 있다. 논리의 한계에 매여 있는 것이다. 하나님이 사람을 창조하신 것이 사실이라면, 과학 종교는 사람을 무에서 우연히 진화했다고 주장할 만큼 전혀 다른 주장을 하고 있는 것이다. 과학

의 이름으로 초과학 영역에 대한 오류를 범하지 않도록 과학
은 과학 종교적 가설과 구분되어야 한다.

현대 물리학계를 리드하는 스티븐 호킹 박사는 블랙홀
과 빅뱅 이론으로 공감을 불러일으켰다. 그러더니 우주는 신
의 존재가 없이도 생성될 수 있다고 주장한다. 신은 죽었다
고 선언한 철학자 니체와 같은 류의 주장을 하는 것이다. 그
런데 창조주는 물리학자나 철학자가 죽었다고 말한다고 죽
거나 말 그런 수준의 존재가 아닌데 그렇게 말하는 것을 보
면 도를 넘는 주장을 한 것이라 생각한다. 탁월한 과학자의
주장이라고 해서 그의 과학 종교적 주장이 맞으라는 법이 없
지만 마치 과학적 사실이란 인상을 준다. 창조주의 존재를
인지하지 못한 채 자기 중심적 사고의 한계에 제한된 것이
다. 내가 신뢰하는 물리학자에게 어떻게 무에서 유가 창조주
없이 창조될 수 있다고 주장하느냐고 물었더니, 현대 물리학
이론이 초기 조건이 없이도 존재할 수 있게 발전했기 때문에
무와 유의 경계선이 애매해져서 그렇게 주장하는 것 같다고
했다. 물리학 모델의 안경으로 세상을 연장해 보니 그렇게
보였을 수 있다. 자연의 창조 자체를 본 것이 아니라 자신의
모델을 본 것이다. 그러나 물리학자의 모델이 자연 자체를
제한하지 못한다. 초과학 영역을 과학 영역처럼 추론하면 무
와 유가 다른 만큼 틀린 결론을 주장할 수도 있다. 물리학이

피조물의 질서를 이해하는 데 기여한 것은 감사한 일이지만, 물리학자란 권위로 창조의 초과학적 진리를 왜곡하면 종교 재판이 오류를 범했던 것과 같이 과학 재판으로 오류를 범할 수 있다. 물리학의 진리성을 유지하기 위하여 경계를 구분해야 할 필요가 있는 영역이다.

스티븐 호킹 박사가 창조주의 존재를 부인하는 것이 오류인 것과 같이, 창조주의 존재를 과학적으로 입증하겠다고 하는 노력도 한계가 있기는 마찬가지이다. 창조 과학은 진화론의 비약을 비판하거나, 노아의 방주가 역사적 사실이었다는 것을 입증하는 성서 고고학적 연구에 기여하였다. 이런 문제는 과학의 영역에 속하기 때문이다. 그리고 원자의 구조나 원소 주기율표의 규칙성, 생명체의 유전자 질서 등 피조물의 질서를 볼 때 만물은 한 창조주에 의해 창조되었다는 증거를 제시하고 우연에 의해 창조가 될 수 있는 확률이 사실상 없음을 입증하는 데 기여하였다. 그러나 일부 창조 과학자는 성경을 문자적인 과학적 사실로 해석하여 초과학적 창조 과정을 성경으로 해석하려고 한다. 이는 성경에 대한 믿음의 문제가 아니고 성경의 정확한 해석의 문제이다.

성경의 초과적 영역을 과학적으로 해석하면 이 또한 비약을 발생시킬 수 있는 위험이 있음을 경계해야 한다. 지구가 태양을 돈다는 과학적 사실을 알고 있지만 '해가 떴다'거나 '해가 졌다'고 일상적으로 표현할 수 있는데, 이런 표현을 과학적 증거로 사용한다면 비약적 오류가 될 수 있는 것과 같다.

해외 입양아는 생활이 넉넉하여도 끊임없이 자신의 생명의 뿌리를 갈망하는 애절함이 있다. 이 갈망은 인간이 공기를 찾듯이 끊임없이 그의 영혼을 지배한다. 창조주에 대한 우리의 갈망도 이와 마찬가지이다. 오늘 당장 먹을 양식을 얻기 위해 바빠서 잊고 있는 것 같지만 우리 생각의 근원에는 끊임없이 자신의 존재 이유와 죽음 이후에 대한 물음이 있다. 그래서 창조주를 발견하는 것이 우리 인생에서 가장 중요한 지식이다. 창조주가 나를 자녀로서 사랑하신다는 사실과 영원한 생명을 예비해 두셨다는 사실을 아는 것이 우리 평생에 알아야 할 가장 중요한 지식이다. 이집트의 파라오들은 영생을 열망하며 피라미드를 쌓았다. 그러므로 영원한 생명의 약속을 아는 사람은 피라미드보다 더 큰 선물을 이미 받은 것이다. 이것이 지식의 근본이다. 아파트를 무상으로 받을 기회가 있다면 사랑하는 사람들에게 이 사실을 전하지 않겠는가? 아파트보다 비교할 수 없이 큰 영원한 생명을 얻을 방법을 알고도 이를 사랑하는 사람에게 알려 주지 않을 사람은 없을 것이다.

하와이를 방문한 적이 있다. 입국 심사를 위해 비자를 확인하였다. 성경의 천국도 이처럼 비자가 필요하다고 설명하고 있다. 비자는 각자의 이름으로 발급되어야 한다. 가족이 비자가 있다고 나의 입국이 허락되지는 않음과 같다. 천국 비자 발급은 예수 그리스도의 피로 구원받은 자인지를 기준으로 각자에게 발급된다. 그런데 천국 비자를 받지 않고도 비자 발급 기준을 스스로 판단하는 사람이 있다면 이는 규칙을 오해한 것이다. 여행자의 주관적 판단으로 정할 문제가 아니다. 천국 입국 심사에서 무슨 일을 얼마나 했는지, 소유가 얼마인지 묻지 않는다. 단지 천국 비자가 있는지를 물을 뿐이다. 하와이에서 친구가 제시간에 마중을 나오지 않아서 너무나 당황한 적이 있다. 다행히 나중에 만나서 하와이가 두렵지 않게 된 경험이 있다. 이처럼 천국에서도 왕이신 예수님이 마중 나오시면 천국은 전혀 낯설지 않을 것이다.

17

확률과 믿음의
본질

또 다른 질문은 통계학과 확률 이론에서 배우는 확률과 신앙에서 말하는 믿음의 차이가 잘 이해되지 않는 것이었다. 확률 이론에서는 확률적 기대값을 극대화하는 의사 결정이 최적이라고 가르치는데, 교회에서는 믿음을 크게 가지라고 가르친다. 확률이 믿음을 결정하게 되는데, 확률을 넘어선 믿음이 있다. 부모의 자녀에 대한 믿음은 확률을 넘어선다. 성경에서도 큰 믿음을 가지라고 한다. 어떻게 낮은 확률적 가능성을 확인된 사실처럼 믿으라는 것인가? 미래에 대해 믿음이 좋은 사람은 보험에 가입하지 않아도 되는 것인가? 확률과 믿음을 종합적으로 이해할 수 있는가?

확률과 믿음의 두 가지 개념이 상충이 되는 경우 어느 것이 진리인가? 이 물음의 답을 얻기 위해 확률 이론과 이 원리 위에 추정되는 예측 이론을 공부하여야 했다. 다행히 확률 이론과 예측 이론의 장점과 한계점은 의사 결정학이나 계량 경제학을 공부하는 가운데 파악할 수 있었다. 그런데 믿음의 본질을 파악하는 것은 훨씬 더 어려웠다. 너무 광범위한 믿음의 개념에 대해 동일한 단어를 사용하고 있기 때문에 구체적 의미를 분별하는 것이 쉽지 않았다. 이제 확률과 믿음의 관계를 정리한다.

우리는 확률적 세계에 살고 있다. 신용 카드의 고객이

대출금을 상환하지 못할 확률은 얼마인가, 신용 대출을 해주어야 하나? 교통사고가 날 확률이 얼마일까, 어떤 보험을 들어야 하나? 주식 투자에서 이익을 얻을 확률은 얼마인가, 주식 투자를 해야 하나? 주택 가격이 상승할 확률은 얼마인가, 융자를 받아서 집을 사야 하나? 내일 비가 올 확률은 얼마인가, 우산을 가지고 가야 하나? 십 년 내로 통일이 될 확률은 얼마인가, 통일을 전제로 무엇을 준비해야 하나? 태양광 발전 사업을 창업하면 성공할 확률은 얼마일까, 창업을 해야 하나? 이처럼 미래에 대해서 미리 알고 싶은 욕구가 너무나 크다. 그러나 미래를 정확히 알 수 없기 때문에 확률적으로 미래를 예상할 수밖에 없다.

우리의 경제생활 속에서는 확률이 믿음의 크기를 결정한다. 상환 확률에 따라 신용 카드 한도도 결정되고, 신용 대출 규모도 결정된다. 또한 위험의 확률을 감안하여 보험료가 결정된다. 이처럼 확률은 불확실성의 세상을 살아가는 데 필요한 지식이다. 확률은 자신의 과거 기록이나 유사한 집단의 확률을 나에게도 적용하는 방법으로 계산된다. 나는 자동차 사고를 한 번도 낸 적 없지만 성별, 나이, 지역 등 나와 유사한 운전자들의 평균 교통사고율이 나의 보험료를 결정하게 된다. 이웃에 의해 판단을 받으니 좋은 이웃을 만나고 볼 일이다.

확률 이론은 전자상거래가 활성화되면서 과거에는 가능하지 않았던 개별 고객 마케팅(One-to-One Marketing)에도 활용되는데, 고객에게 가장 관심 있는 광고를 유익한 정보 형태로 제공하는 광고 기법으로 발전하였다. 이 광고 기법이 오늘날의 구글을 가능하게 하였다. 고객이 검색하고 있는 내용과 유사한 주제의 광고를 유료로 띄워 주어 받은 광고료 수입이 주 수입원이다. 최근 소셜 네트워크의 선풍을 일으키는 페이스북은 10억 명의 고객이 누구인지 아는 상황에서 개별 고객에게 가장 관심이 높은 광고를 제공하여 맞춤 광고 효과를 극대화한다. 이 기대로 페이스북의 기업 가치가 폭등하게 되어 단숨에 아마존을 능가하는 기업으로 도약하게 되었다.

이런 맞춤 광고도 확률적으로 계산한다. 고객의 과거 거래 내역이나 인터넷 검색 내용을 참고하고 유사한 직업이나 연령층에서 좋아하는 광고를 추천하게 된다. 이런 광고는 무작위한 정보보다 클릭을 높게 발생시키므로 광고비도 이에 비례하여 높게 책정된다. 대용량의 컴퓨터를 활용하여 수억 명의 고객에게 개인화된 서비스를 제공하는 CRM(Customer Relationship Management, 고객 관계 관리) 시스템이 이런 서비스를 가능하게 한다. 이처럼 빅데이터를 바탕으로 적용된 확률 이론은 믿음의 크기를 평가하는 합리적 판단과 가치 창출의 근거가 된다. 확률을 과학적 영역에 대해 효과적으로 활용한 예이다.

확률 통계 기법은 미래를 예측하는 모델의 개발에도 적용된다. 증권가에서 수학 모델을 이용한 투자 기법으로 큰 돈을 벌었다는 소문이 젊은이들의 마음을 설레게 한다. 최근 경영대학에는 이런 기회를 잡고자 박사 후보들이 줄을 서고 있다. 그런데도 미국의 금융 위기를 아무도 예측하지 못했다. 리먼 브러더스 같은 대규모 투자 은행조차 허무하게 무너졌다. 그런데 막상 문제가 발생하자 내 그럴 줄 알았다고 전문가가 해설한다. 과학적 예측을 하는데도 왜 예상하지 못한 현상이 반복되는 것인가?

우리의 미래를 예측하는 사회 과학 법칙은 자연 과학 법칙과 근본적으로 다른 점이 있다. 동일한 과학이라는 말을 사용하지만 대상 문제에 따라서 의미가 달라진다. 한 분의 창조주에 의해 설계된 자연은 수많은 과학자가 연구하지만 일관된 하나의 큰 법칙을 발견하게 된다. 마치 만유인력의 법칙 이후에 상대성 이론이 발견되었지만 자연법칙 자체는 과학의 발견과 상관없이 이미 존재하고 있고 시대를 초월해서 반복된다. 그러나 다양한 입장의 사람들이 모인 사회에서 발생한 사회 과학의 법칙은 제한된 상황에서만 법칙성이 유지된다. 그 가정의 범위를 벗어나게 되면 모델로는 예측할 수 없게 되는 것이다. 이처럼 사회 과학적 예측 기법은 태생적으로 한계를 가지고 있다.

예를 들어서, 경제 예측 기법은 크게 세 가지 방법으로 탐구된다. 시계열적 방법, 계량 경제학적 방법, 그리고 전문가의 의견 수렴 방법으로 나눌 수 있다. 작년과 올해의 추세로 내년을 예측하는 방법이 시계열 분석의 개념이다. 수학 모델을 이용한 시계열 예측 방법은 수백만의 고객과 수만 가지 상품을 취급하는 대규모 고객 관리 시스템에 필수 불가결인 도구이다. 유통 회사, 통신 회사, 항공사, 금융 기관과 같은 기관에서 각 고객을 직원의 기억에 의존하는 것은 불가능하므로 예측 모델에 의존한다. 반복적 상황에서는 작은 확률의 차이라도 큰 이득을 얻게 된다.

그런데 시계열 기법은 추세에 구조적 변화가 발생하면 무용지물이 된다. 마치 지진이 일어나는 땅 위에 세워 놓은 관측기와도 같기 때문이다. 그래서 인과 관계 구조를 이해할 필요가 있다. 계량 경제학은 경제 이론을 바탕으로 구조적 인과 관계를 이해하고 이 관계를 수리적 모형으로 분석한다. 예를 들어서, 환율과 주가와의 관계를 분석하여 원화 가치가 10원 떨어지면 수출이 얼마 증가하고, 이에 따라 주가가 얼마 올라간다는 식으로 관계식을 도출하여 예측을 시도한다. 환율을 예측할 수 있다면 수출과 주가를 추정할 수 있게 된다.

그런데 사회 현상은 물고 물려서 인과 관계가 경제 이론처럼 단순하지 않다. 환율이 오히려 수출 실적에 따라 결정되기도 하고, 외국 자본의 주식 투자가 환율을 결정하기도 하기 때문이다. 많은 변수가 동시에 상호 작용을 하므로 연립 방정식과 같이 예측하는 모델이 개발되었다. 그러나 관심 있는 변수만 감안한 분석은 용이하지 않고 미래에 대한 가정을 객관화하는 것이 쉽지 않다. 한국은행, KDI, 기업 연구소의 경제 전망치가 달라질 수 있는 것도 이 때문이다. 그런 한계점에도 불구하고 계량 경제학은 인과 관계를 사후적으로나마 해석할 수 있게 해 주는 도구로 그 가치가 크다. 그러나 계량 경제학 또한 그 인과 관계의 구조가 유지된다는 전제하에서 규칙성이 유지되므로 구조적 변화가 발생하면 예측력의 한계를 드러낸다. 생각하지 못한 변수가 영향을 주면 그 모델로는 해석을 할 수 없고 정확한 예측은 더더욱 불가능해지는 것이다.

세 번째 예측 방법은 델파이(Delphi)법과 같은 전문가의 의견 수렴 기법이다. 개인적 생각이 통계치로 수렴되면 권위를 갖는 지식처럼 보도된다. 전문가의 판단력에 한계가 있지만 더 좋은 대안이 없기 때문에 델파이법은 최선의 방법으로 간주된다. 그러나 전문가의 미래 예측은 터무니없이 틀릴 수 있다. 전화기와 컴퓨터의 보급 초기에 수요를 예측할 때 도시마다 한 대씩은 필요하지 않겠느냐고 넉넉잡고 예상했지만, 개인용 휴대 전화와 개인용 노트북을 가지게 될 줄은 누구도 상상하지 못했다. 이처럼 전문가도 방대한 변수와 새롭게 일어날 가능성이 있는 모든 사실을 관찰하는 데는 한계가 있고 전문가들 사이에도 시각이 일치하지 않는 경우가 많다. 우리나라가 언제 통일될 것인가를 밤새 토론하여도 정확한 해답을 구하기 어려운 것과 같다.

위에서 살펴본 세 가지 예측 방법은 기본적 가정이 안정적인 상황에서는 효과적이다. 그래서 최근 빅데이터(Big Data)로부터 지식을 도출하는 분석 기법이 각광을 받고 있다. 그럼에도 불구하고 과거의 반복이 아닌 미래를 예측하는 데는 한계가 있다.

그러기에 반복적이지 않는 전략적 문제에 대해서는 미래를 예측하려고 노력하는 것보다 오히려 의지를 가지고 미래를 설계하는 노력을 하여야 한다. 많은 데이터를 감안하여 판단해야 하지만, 한 번도 가 보지 않은 미래에 대한 창조의 순간에는 외부의 소리를 끄고 내면의 소리를 들어야 미래가 보인다. 무엇이 우리 사회에 필요한 것인지, 무엇이 우리 인생에서 중요한 것인지, 무엇을 사랑해야 할지, 무엇이 새롭게 필요한 것인지를 최초로 생각하며 미래를 설계해야 한다. 그러므로 반복적 상황에 대한 확률적 대처법과 새로운 문제에 대한 창조적 대처법을 잘 분별하여야 한다. 우리는 예측된 미래를 따라만 가는 존재가 아니라 자신이 선 자리만큼 미래를 만들어 가는 주인공이다.

확률의 가치와 확률에 의해 결정되는 믿음을 보았지만, 이제 확률을 넘어선 믿음의 본질을 생각해 보자. 믿음이란 단어는 신념, 신뢰와 신앙의 뜻으로 사용된다. 신념(Belief)은 사람이 직접적인 체험이나 확률적으로 검증한 믿음의 정도를 나타낸다. 확률은 어떤 생각에 대한 신념에 영향을 준다. 신뢰(Trust)란 사람 사이에서 상대방의 인격을 믿는 심적 태도이다. 상대방이 보여 준 행동의 확률적 결과가 신뢰 수준에 영향을 준다. 신앙(Faith)은 절대자에 대한 자신의 믿음을 뜻하는데, 이 믿음조차 절대자와의 관계에서 체험한 확률적 경험이 영향을 준다. 여기에서 하나님 존재 자체에 대한 절대적 믿음과 간구한 기도를 응답받을 확률적 믿음을 혼동하지 말아야 한다. 그런데 간혹 목회자들은 이 두 가지를 구분하지 않고 동일한 믿음이란 단어로 표현하는 경우가 있어 혼동이 되는 경우가 있다.

아인슈타인의 어머니에게서 아들에 대한 믿음을 발견할 수 있다. 아인슈타인은 어린 시절 학교 성적표에 '이 아이는 어떤 일에도 성공할 가능성이 희박하다'고 기록되었다고 한다. 유사한 아이를 교육시켜 본 교사의 확률적 판단이었을 것이다. 그러나 그의 어머니는 "넌 할 수 있어, 암 할 수 있고 말고."라고 말했다. 이 믿음은 확률적 객관성 면에서는 옳은 판단이 아니었을지 모르겠다. 그러나 이 믿음은 아들을 포기할 수 없기에 소망으로 붙든 믿음일 게다. 소망조차 가질 수 없게 된 상황 속에서도 그 아들을 믿는다면 그 원천은 사랑일 게다. 사랑하기에 포기하지 못하는 의지의 믿음이다. 그런데 이런 사랑의 믿음은 확률적 판단이 결코 줄 수 없는 고귀한 가치를 잉태할 수도 있다.

기독교인들은 하나님께 여러 가지 간구를 한다. 그런데 이때 반드시 믿음으로 간구하라고 가르친다. 예를 들어서 믿음으로 간구하면 병이 낫는다고 한다. 그런데 그렇게 해도 병이 낫지 않는 경우가 많다. 오히려 병원을 찾아가야 한다. 이런 현상에 대해서 어떻게 해석을 해야 할까? 확률적 현상을 무시할 수 없다는 경험적 사실이 우리의 생각을 지배하게 되고 믿음을 유지하기 어렵게 한다. 과학적인 관찰의 관점에서 볼 때 당연히 미신적 행동을 멈추라고 하는 것이 합당하다. 그러나 성경에서는 하나님을 믿으라고 가르치신다. 이런 상황에서 확률과 믿음의 관계를 어떻게 이해해야 하는 것인가?

이때 우리가 무엇을 믿는 것인지 믿음의 목적어를 잘 분별하는 것이 중요하다. 하나님을 믿는 것과 하나님께서 내 병을 고쳐 주실 것이라고 믿는 것은 다른 차원의 문제이다. 하나님이 우리를 사랑하는 것은 굳게 믿어야 하고, 창조주 하나님이 내 병을 고쳐 줄 수 있는 능력이 있다는 것은 절대적 진실로 믿을 수 있다. 그 믿음은 하나님 자체에 대한 믿음이다.

그러나 내 아내의 류머티즘을 오늘 고쳐 주실 것이라고 믿는 구체적 믿음은 다른 차원의 문제이다. 이런 기도에 하나님께서 응답해 주신 적도 많았지만, 그렇지 않은 경우가 얼마든지 많았다. 우리의 생각을 뛰어넘은 하나님의 때가 있는 것이다. 선하시고 완전한 하나님의 때를 나의 믿음으로 제한할 수는 없는 것이다.

그러므로 하나님의 사랑과 능력을 믿는 것은 확률을 넘어선 믿음의 영역이지만, 오늘 내 아내의 병을 고쳐 주실 하나님의 뜻은 사전에 완전히 확신할 수는 없는 영역이다. 현실 속에서 하나님께서 어떻게 응답하시는지 기다리며 결과에 감사할 영역이다. 그럼에도 불구하고 하나님을 믿는다는 것은 그분의 사랑을 믿는 것이고, 그 능력을 믿는 것이며, 아내를 사랑하기 때문에 소망을 포기할 수 없는 믿음이다. 그러므로 이 영역의 믿음은 확률적 가능성을 뛰어넘는 소망과 사랑을 뜻하는 것이다.

끝없이 확률적 판단을 해야 하는 현실 속에서도 확률을 넘어선 온전한 사랑과 믿음을 하나님께 드리면 그 믿음을 보고 얼마나 기뻐하실까? 아브라함의 믿음이 그런 종류의 믿음이었다. 그래서 그는 믿음의 조상이라고 불리게 되었고, 말할 수 없이 큰 축복을 받았다. 이 믿음은 진실한 사랑의 다른 이름이다. 그러므로 희망한 결과를 얻을 것이라고 믿는 믿음을 넘어선 하나님 자체를 믿는 믿음, 그런 믿음의 대상이 하나님이다. 이런 믿음을 품고 산다면 이는 이미 우리 마음에 천국이 온 증거이다. 이처럼 믿음은 확률을 넘어서며 소망과 사랑을 내포한다. 이 믿음이 행복과 생명 방정식의 열쇠이다. 자살의 유혹 따위를 넉넉히 이길 수 있는 비법이다.

우리들에게 확률을 뛰어넘는 믿음을 가져 주는 사람이 있다면 얼마나 좋을까? 우리가 누구를 그렇게 믿어 준다면 그가 얼마나 좋아할까? 그렇게 믿을 수 있는 사람의 수가 많지 않아도 괜찮다. 단 한 사람만이라도 그런 사람이 곁에 있다면 얼마나 좋을까? 그런데 이 보배는 나로부터 시작됨을 잊지 말아야 한다. 내가 먼저 사랑하고 믿어주는 데에서 이런 보배로운 사랑과 믿음이 형성되고 간직될 수 있다. 이런 사랑의 믿음이 있기에 이 세상에서 패자 부활전이 가능한 것이다. 확률을 뛰어넘는 사랑을 나눌 사람이 단 한 사람이라도 있다면 이는 행복 방정식의 최상의 열쇠이다. 다행히 확률의 지식과 상충되지 않게 분별하여 얻을 수 있는 선물이다.


약속을 믿고


가는 길이 약속의 땅과
너무 달라 보여도
약속을 믿고
한 걸음 한 걸음
앞으로 나아간다


내 믿음의 크기 보여 드릴
축복의 길이니까


오르막길 숲에 가려
봉우리 안 보여도
약속을 믿고
한 계단 한 계단
언덕을 올라간다


내 믿음의 높이 보여 드릴

축복의 언덕이니까

더 기다릴 수 없이
조바심 나도
약속을 믿고
하루하루
덜 익은 과일을 바라본다

내 믿음의 길이 보여 드릴
축복의 시간이니까

18

내 목숨보다
소중한 것

우리나라는 이제 G20 의장국이 될 만큼 경제 성장에 성공한 국가가 되었다. 그러나 불행히도 자살률이 세계 1위인 국가가 되었다. 죽고만 싶은 이 세상이라면 경제 성장만 추구한다고 무슨 소용이란 말인가? 낭떠러지 같은 길을 향해 달려만 갈 것인가? 어떻게 하면 우리 사회를 휩쓰는 자살의 소용돌이를 잠재울 수 있을까? 그런가 하면 위험을 무릅쓰고 다른 사람을 구조하다가 죽게 되는 의로운 죽음도 있다. 우리가 자신의 목숨을 바칠 만큼 가치 있는 것은 무엇인가?

자살의 동기는 여러 형태의 슬픔이 있겠으나 두 가지의 원인에 특별한 관심을 가질 필요가 있다. 첫째로 마음 아픈 것은 노후 준비가 되지 못한 고령의 어르신들이 기본 생계를 잇지 못하고 스스로의 목숨을 끊은 것이다. 부모조차 버린 냉정한 세대의 미래가 암울하게 느껴진다. 둘째는 다른 사람의 부러움의 대상이 된 사람들이 막다른 골목에서 그 중압감을 이기지 못하고 스스로 목숨을 끊은 것이다. 특히 유명 인사의 자살은 소위 베르테르의 효과로 사람들이 힘들 때 죽음을 쉬운 도피처로 생각하게 하는 나쁜 영향을 끼친다. 자살이 미화되고 있는 것이다. 자살이 문제 해결의 한 대안처럼 인정된다면 자살을 막을 방법이 없다. 사회가 자살을 조장하고 있는 것이다.

중학교 시절 시험에서 부정행위를 한 적이 있다. 시험
이 시작되기 전에 암기를 하느라 쩔쩔매고 있는데 다른 친구
가 책받침에 암기할 내용을 적어 두는 것을 보았다. 저런 좋
은 방법이 있구나. 나도 저렇게 하면 될 것을 왜 진작 생각하
지 못했을까. 반짝이는 생각을 반가워하며 책받침에 조그만
글씨로 적어 두었다. 그런데 그날따라 감독 선생님은 책받침
검사를 하셨다. 벌벌 떨면서 지우지도 못하고 책받침을 치우
지도 못하고 발각되고 말았다.

"어휴! 창피해!" 그날의 부끄러움을 잊을 수 없어서 이
후로는 부정행위를 하지 않기로 결심하고 이를 지켰다. 작은
범죄의 죄책감을 예방 주사로 삼아야 더 이상 범죄를 반복하
지 않게 된다. 한 번도 죄를 짓지 않는다면 좋겠지만 그런 무
균질 순결이란 인간에게 가능하지 않을 것 같다.

부정행위를 문제 해결의 대안으로 생각한다면, 필요할
때면 부정행위를 반복하게 될 것이다. 자살도 마찬가지이다.
자신의 문제를 해결하는 수단으로 자살이 한 대안이라고 생
각하는 사회적 풍조 속에서는 필요 시 자살을 선택하게 될
것이다. 자살을 하면 야단치는 감독 선생님이 있어야 한다.
그런데 우리 사회에 그런 감독 선생님이 없다면 사회가 자살
을 방조하고 있는 것이다. 《지킬 박사와 하이드》란 소설과 같

이 자살자는 살인자와 피해자가 한 사람 안에 있는 것이다. 우리는 피해자를 살인자로부터 보호해야 한다.

이런 면에서 고인들의 명복을 빌면서도 미래에 올지도 모를 다른 사람의 자살을 막을 수 있는 의식 구조가 우리 사회에 필요하다. 오죽하면 죽음을 택했을까 하는 동정심에서 자살자를 피해자로만 인식하는 풍토가 살인자로서의 자살 충동을 부추긴다. 이런 분위기를 벗고 자살을 예방하려면 자살의 피해자를 애도하면서도 자살의 가해자에게 책임을 물어야 한다. 동일한 상황에서도 반드시 자살을 선택해야 하는 것은 아니므로 가해 살인자로서의 책임을 간과해서는 안 된다. 자신에 대한 살인자로서의 엄중한 책임이 사후에도 주어져야 한다. 그렇지 않으면 책임을 피하고 동정을 받기 위해 자살을 하라고 부추기는 셈이 되기 때문이다. 자살을 예방할 사회적 인식과 법적 장치가 필요하다.

대개 우리의 목숨보다 더 귀한 것은 없다. 그러나 한편, 자신의 목숨보다 더 고귀한 것을 추구하는 의인을 보게 된다. 내 목숨을 바쳐서라도 얻어야 할 소중한 것은 무엇인가? 나의 행복 방정식이 다시 흔들리고 있다. 이순신 장군은 '죽고자 하는 자는 살 것이요, 살고자 하는 자는 죽을 것'이라고 병사들을 격려하였다. 살기 위하여 오히려 죽을 각오를 하라는 말씀이다. 자기 목숨을 건지기 위해 도망가는 병사를 보면 개탄스럽다. 우리 목숨보다 더 귀한 것은 무엇일까?

나보다 선배 되는 분이 KAIST에서 박사 학위를 받은 분이 있었다. 국방 기획을 위해 중요한 역할을 수행하신 분이다. 그는 나보다 나이가 많지만 직장에서 근무를 했기 때문에 내가 논문 심사 위원이었다. 개인적으로 교제를 깊이 나눈 분은 아니었다. 그런데 그분이 말기 암 선고를 받았다. 병원에 찾아가서 위로를 드리고 치유를 기원하며 기도드렸다. 나는 기도만 하면 병이 치료된다고 생각하지 않는다. 그러나 하나님께서는 기도를 들어주실 수 있고, 치유하게 하실 능력이 있으심은 확실히 믿는다. 어느 정도 나의 체험을 바탕으로 확인된 믿음이다. 이 선배는 의술로는 고칠 수 없고 예수님의 은혜와 능력으로만 고칠 수는 있을 것이라고 했다. 그래서 그분을 위해 간절히 기도를 드렸다.

그런데 만일 치유가 되면 어떻게 사시겠느냐고 물었더니 예수님만을 위해서 살겠다고 했다. 그렇게 자신을 버리고 5년만 더 산다면 그의 인생은 너무나 귀한 인생이 될 것이란 생각이 들었다. 죽기로 각오하면 엄청난 힘이 나오는 것처럼, 다른 사람을 위해서 살겠다고 각오한 사람은 엄청나게 귀한 삶을 살게 될 것이란 확신이 들었다. 그래서 제 수명 5년을 감하시어 이 선배에게 주시기를 간구하고 그것이 예수님께

영광이 된다고 기도드렸다. 친형제를 위해서도 해 보지 못한 기도였다. 나는 하나님의 영광을 위하여 내 기도를 사전에 선포하고 이 선배가 치유될 것이라고 예언하듯이 선포하였다. 그런데 그는 그만 세상을 떠나고 말았다. 너무나 난처한 일이 발생했다. 내가 난처한 것은 물론이지만, 하나님께서 더 난처해지신 것 같아 보였다. 믿음의 기도조차 들어주지 않으시는 하나님이 되셨으니 말이다.

그동안 내가 믿음으로 드린 기도는 무엇이란 말인가? 이 납득할 수 없는 상황에 대해 하나님께 이것이 무슨 뜻인지 항의하며 울부짖었다. 물고기가 물 밖으로 내동댕이쳐진 것 같고, 하늘이 무너진 것같이 소망을 둘 곳이 없어졌다. 그러나 하나님은 침묵하셨다. 한참 후에 하나님께서 드디어 대답해 주시었다. "그 선배가 예수님을 위해 사는 삶이 그렇게 귀한 것으로 알면서, 왜 너는 그렇게 살지 않느냐?"는 것이 하나님의 말씀이었다. 나는 하나님의 이 말씀을 듣고 전기에 감전된 듯 얼어붙었다. 진정 하나님의 말씀이었다. 그렇다. 나는 이 선배가 헌신적인 삶을 살도록 기도하면서 나 자신의 삶은 돌아보지 못했던 것이다. 그날 하나님은 "나는 너를 원한다."고 말씀하셨다. 그 선배의 죽음은 헛되지 않게 나를 깨우치는 계기가 되었다.

그래서 나는 적어도 약속한 5년은 하나님께 드리는 삶

을 살아야 한다고 다짐했다. 그 이후 나는 내가 납득이 되지 않는 상황이 되어도 하나님을 원망하지 않게 되었다. "이것이 무슨 뜻입니까? 내가 알지 못하여도 하나님께서 선하신 계획이 계신 것으로 압니다."라고 믿고 기다릴 수 있게 되었다. 선악의 판단을 내가 해 놓고 하나님께서 선하시다고 판단하는 것이 아니고, 이해되지 않아도 그냥 하나님이 선하시다고 믿게 되었다.

이렇게 나를 연단시키신 후에 하나님은 인터넷을 통해 복음이 없는 땅에 복음과 찬양이 울려 퍼지게 하라는 지상 명령을 기도 속에서 보여 주셨다. 인터넷의 연결된 선이 우리가 걸어다닐 수 있을 만큼 넓은 큰 통로로 열려 있고, 이곳에서의 외침이 그곳까지 들리는 모습을 잊을 수 없게 내 머리에 각인시키셨다. 마치 무너진 탄광에서 "거기 누구 없어요?"라고 외치는 매몰자의 울부짖음의 메아리가 내 귀에 쟁쟁하게 들려오는 것이었다. 필라델피아로 가서 정보 시스템을 공부하게 하신 이유가 인터넷을 통해서 생명의 말씀을 전하는 일임을 드디어 깨닫게 되었다. 그래서 개발한 사이트가 SWIM.ORG인데, 이를 통해 복음을 전하기 시작한 지 19년이 지났고 매일 30만 명이 일용할 말씀을 공급받고 있다.

하나님께서 보여 주신 환상의 특징은 시간이 지날수록 생생해진다는 것과 그 환상 때문에 하나님의 마음으로 무엇인가를 행하게 된다는 것이다. 지금도 그날의 일을 되새기면 현실보다 더 기억이 새롭다. 성경과 역사 속의 아브라함의 하나님이 역사책 속에서 끝나지 않고, 오늘 우리의 하나님이 되신 것이 얼마나 은혜롭고 감사한지 모르겠다.

인터넷으로 선교하기 위해서는 전자상거래를 연구하게 되었는데, 이로 인해 이 분야의 선구자가 되었다. 국제전자 상거래연구센터(International Center for Electronic Commerce)를 설립하게 되었고, 매년 국제학술대회(ICEC.net)를 개최 하였다. 이렇게 알려지니 Elsevier 출판사에서 국제학술지 *Electronic Commerce Research and Applications*의 창간을 요청 받아 초대 편집위원장을 역임하게 되었다. Turban 교수와 공 저한 *Electronic Commerce: A Managerial Perspective*를 2000 년부터 출간하여 2년에 한 번씩 수정본을 발간하고 있는데 MBA 교재로 가장 널리 채택되고 있다.

그 이후에는 녹색성장이 나의 소명인 것으로 알고 EEWS의 일에 집중하였다. 그런데 2011년에는 한국인으 로는 최초로 세계정보시스템학회(Association of Information Systems)의 석학 회원(Fellow)에 선정되었고, 2014년에는 뜻 밖에 차기 회장(President-Elect of Association of Information Systems)에 선출되었다. 정보 시스템 분야의 동료 교수님들의 열망과 지원 덕분에 이런 결과가 왔다. 그분들의 우정과 도움에 감사드린다. 그러나 나는 다시 하나님 앞에 조용히 앉아 이것이 무슨 뜻인지 여쭙게 된다.

자격 없는 나를 필라델피아로 데리고 가서서 박사 공부하게 하시고, 지금 세계 학회장이란 막중한 책임을 주신 의미가 무엇인지 그 뜻을 이해해야 했다. 그래서 내가 해야 할바라고 생각하게 된 소명은 '인터넷으로 말미암아 편리해진반면, 인터넷으로 말미암은 부작용을 막고 해법을 찾아서 밝은 사회를 만들라'는 것이다. 소니픽처의 영화 '인터뷰' 제작에 따른 해커들의 전쟁과 원자력 발전소에 대한 해커들의 침투가 심각성을 대변해 준다. 카톡에 대한 보안 검색의 필요성과 개인 정보 보호의 두 가지 목적을 모두 달성할 수 있는방법은 없는가? 인터넷과 핸드폰을 통한 사기와 개인 정보보호도 심각하다. 악플 때문에 자살할 정도로 고통받는 사람은 없어야 하겠다. 무기명의 가면 뒤에서 사람을 중상모략하는 자유는 더 이상 헌법이 보장한 표현의 자유 수준을 넘어선 가혹 행위이다. 게임 중독도 심각하다. 이런 예와 같은 부작용을 정의하고 해법을 범세계적으로 공동으로 찾도록 AIS의 학자들에게 호소하였더니 깊은 공감을 하였다. 그래서 ICT-enabled Bright Society(약칭 Bright ICT Initiative)의 밑그림을 그리게 되었고, 이 비전이 AIS 학회의 Grand Vision으로 채택되었다. 학회가 비전을 채택한 예가 없었다. ICT는

Information and Communication Technology를 줄인 말이다.

인터넷 보안은 완전한 답이 없어 보인다. 이런 상황에서 Bright ICT 비전을 달성할 수 있는 근본적은 해법은 무엇인가? 그래서 제안하게 된 것이 '발송자 책임의 원칙(Principle of Origin Responsibility)'과 '배달자 책임의 원칙(Principle of Deliverer Responsibility)'이다. 현재는 한국수력원자력이나 금융 기관이나 교통망과 같은 기관이, 공격하는 시스템으로부터 모든 방어를 스스로 책임져야 하는 방식이다. 이 방식으로는 각자의 담을 높게 할 수밖에 없고 그렇다고 해도 완전한 해결책이 수립되지 않는다. 그래서 발송 서버와 배달 서버가 책임지는 원칙을 실현해야 한다. 이를 위해 사회적 공감대가 형성되고 국제적 협약을 하게 되면 각 나라가 이에 따라 법제화하고 범죄적 원인 제공 서버가 규제될 수 있을 것이다. 이 원칙에 따라 시스템도 개발되고 사업화를 하게 되면 밝은 정보화 사회가 이루어지는 계기가 마련될 것이다. 이 제안에 대해 세계적인 학자들이 문제의 중요성과 해결 방안에 대해 공감을 표하고 열성을 보이고 있다. UN-ITU(International Telecommunication Union)와 협력하여 한국이 이 문제 해결을 선도한다면 명실공히 우리나라가 IT 선진국으로 세계 중심에 서게 될 것이다. 우리 후손들에게 밝은 정보 사회를 남겨 주어야 하지 않겠는가?

인터넷의 공간에서 하나님의 뜻을 이루고자 했더니 이런 꿈을 꾸는 복을 받게 되었다. 나의 유익을 넘어서고 내 생명을 넘어선 소명을 내 스스로 생각해 낼 수는 없다. 그러나 하나님께서 원하실 때 순종하다 보니 이런 소명을 받게 되었고, 그만큼 우리 인생은 값지게 되는 것이다. 드림으로 손해를 보는 것이 아니고, 가장 신바람 나는 인생을 사는 길이 열리는 것이다. 이면우 교수님께서 W-이론을 만들자고 하셨는데, 신바람의 동력으로 소명감을 포함하면 되겠다고 보고드려야겠다. 이제 그 답을 찾았으니 제자들에게도 이런 배움을 전해 주어야겠다.


참된 배움


돈 버는 법 배우러 왔으나
사람 되는 법 배우고 가거라


다스리는 법 배우러 왔으나
섬기는 법 배우고 가거라

지식 으뜸되기 위해 왔으나
겸손의 지혜 배우고 가거라

내 장래 희망 얻기 위해 왔으나
그대 이 세상의 희망이 되어라

그대로 인하여 온 세상이
밝고 아름다워지게 하여라

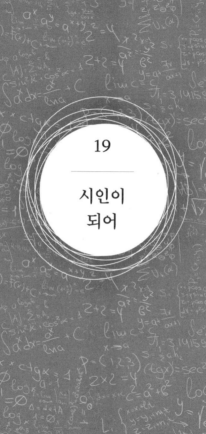

19

시인이
되어

KAIST는 대전으로 이전하였다. 그러나 홍릉 캠퍼스의 폐허를 향하여 예수님의 손을 잡고 가자고 하신 환상을 본 후 나는 서울에 남았다. 홍릉 캠퍼스에는 서울 분원이 설립되었는데, 나는 경영정보학 분야의 전공을 혼자 맡아서 시작하였다. 그런데 1년 후 석박사 과정 학생 100명이 입학하게 되어 경영정보공학과를 설립하게 되었고 우수한 교수님을 다섯 분이나 청빙할 수 있게 되었다. 그로부터 4년 후 테크노경영대학원이 서울에 설립되어 경영정보공학과를 흡수하였다. 한편, 전자상거래연구센터에는 24개의 기업이 공동 지원하였는데 26명의 연구 인력을 유치하였고, 캠퍼스 인근 건물을 임대하여 전자상거래 도구를 개발하였다. 경영학과 공학이 접목된 국제전자상거래연구센터(ICEC.net)는 세계 최고 수준의 연구를 수행하였고, 이 연구 환경에서 우수한 교수를 배출하였다.

격무의 시간을 보낸 2000년 가을, 나는 안식이 절실히 필요하였다. 너무나 많은 일에서 벗어나야 할 것 같았다. 그해 가을 필라델피아 근교에 있는 브린모어라는 마을에 아파트를 구해서 한 학기 안식년을 보냈다. 초기에는 조용한 시간이 너무 좋았다. 그러나 그 기간이 오래 가지 않았다. 나중에는 고독에 덜덜 떨어야 했다. 우리는 노동 후의 휴식이 필요한 것이고 적당히 조용한 시간이 필요한 것이지, 귀양살이 같은 절대 고립을 원하는 것이 아니라는 것을 덜덜 떨면서 체험하였다. 그러나 광야 같은 시간은 하나님을 만나기에 좋은 시간이다. 이 기간 나는 하나님께 이끌리어 하나님의 시인이 되었다. 겨울밤 선잠을 깨어 책상에 앉아 비몽사몽간에 하나님께서 주신 말씀을 기록하였다. '나의 시인'을 적게 하시어 받아 적었다. 하나님의 시인이 되라는 부르심을 받은 것이다. 시 본문에서 '나'는 하나님이시다. 그래서 이 시는 내가 저자라고 하지 않고 받아 적음이라고 썼다.

나의 시인

이재규 받아 적음

내가 하고픈 말을
전하는 입,
그 입이 나의 시인이다.

내 가슴을 느끼는
그 가슴,
그 가슴이 나의 시인이다.

내 눈으로 바라보는

그 눈,

그 눈이 나의 시인이다.


내 사랑을 품은

그 사랑,

그 사랑이 나의 시인이다.


오직

내 마음을 적는 이

그는 나의 시인이다.


"2000년 12월 11일 필라델피아에서 새벽잠을 깨우시고 성령님께 이끌린 기도를 드리게 하시고 '나의 시인'이라 부르시며 주신 하나님의 말씀"이라고 기록되어 있다. 시인이 아니던 나를 갑자기 시인이라고 하셨으니 내 앞에 어떤 일이 일어날 것인가? 시인이 되려나 보다고 생각했다. 평범한 교수, 평탄한 생활. 내 인생이 그렇게 보였을지 모르나 하나님을 따라가는 길은 이토록 변화무쌍하고 기대감 넘치는 여정이었다. 대학 시절 친구들과 아성회를 만들어 습작을 한 것이 고작인 나로서는 시인의 훈련을 제대로 받았을 리 없다.

그러나 3년 후 등단 시인이 될 계기가 생겼다. 뜻밖의 일이지만 하나님 안에서는 계획된 일이었을 것이다.

갈정웅 시인의 추천으로 한맥문학 2003년 12월 호에 '겨울나무', '새싹을 남기고', '박동', '나의 님', '꿈의 비상' 다섯 편을 당선작으로 등단을 하였다. 나는 자격이 없었지만 대림대학교 총장이신 갈정웅 시인께서 격려로 추천해 주시었다. 필라델피아의 고독한 겨울, 봄을 기다리며 하나님의 손길을 기다리며 겨울나무를 바라보고 어루만지며 쓴 글이 등단 시가 되었다.

그러나 등단을 했다고 해도 소양을 늘릴 기회도 없었고, 시를 쓸 겨를도 없었다. KAIST 교수의 생활이 그렇게 여유가 있을 리도 없고 어울리지도 않는다. 기후 변화와 에너지 고갈에 대비한 EEWS(Energy, Environment, Water and Sustainability)의 기획을 맡아서 몹시 바쁜 시간을 보내고 있었다. 그러나 그렇게 바쁘게 지낼수록 내가 인생을 마감할 때까지 꼭 해야 할 일을 빠뜨리지 않도록 기도하였다. 이 제목으로 기도를 드릴 때면 언제나 '나의 시인'이라는 숙제를 하지 않고 있는 내 모습을 돌아보게 하셨다. 어쩔 수 없이 시집을 출간해야 하겠다고 생각하여 그동안 주신 시를 주님의 시인의 기준으로 재정리하여 30여 편의 시를 어렵사리 만들었다. 2010년 여름, 원고를 가지고 두란노서원에 출판을 제안드렸더니 적어도 50편은 되어야 한다고 했다. "어이쿠. 어디에서 20편을 더 구한담." 그해 여름 땀을 흘리며 51편을 준비하여 "너는 나의 시인이라"는 제목으로 시집을 출간하게 되었다.

주님의 시들을 7개의 주제로 분류하였다.

1) 하나님, 나의 아버지, 2) 창조의 아름다움, 3) 하나님의 손 잡고, 4) 끊임없는 소망, 5) 정금같이 나오리라, 6) 사랑하는 분들께, 7) 영원한 생명으로.

이 시집에서는 찬양시를 적기보다 하나님을 모르는 사람이 평범한 자연과 삶 속에서 하나님을 만날 수 있게 하는 계기를 주기 위한 주님의 시를 기록하였다. 그런데 내가 하나님의 뜻을 잘못 주장하면 사이비 교주가 되겠다 싶어서 각 시의 주제에 해당하는 성경 말씀을 찾았다. 그리고 시와 함께 성경 말씀을 이어서 읽을 수 있도록 구성하였다. 그랬더니 '사람의 시 한 모금'에 '하나님의 말씀 한 모금' 마실 수 있는 시집은 처음 본다고 갈정웅 총장께서 서평을 써 주셨다.

미아 찾는 광고를 간혹 본다. 그 아이가 어디에 있는지 모르지만 자신의 목숨이라도 바쳐서 그 아이를 찾고 싶은 어머니의 절규가 들어 있다. 하나님은 이 같은 마음으로 잃어버린 우리들을 찾으신다. 그 사실을 나중에 깨달은 아이가 드디어 "나만 찾고 계시나요."라며 울면서 안긴다.

나만 찾고 계시나요

나 이제 당신 이름 잊었는데
아직 내 이름 기억하시나요

나 지쳐 당신 손 놓았는데
아직 내 손 잡고 계시나요

나는 잠시 기다리다 가 버렸건만
아직 그대로 기다리고 계시나요

나의 사랑 이제 식었는데
아직 나를 죽도록 사랑하시나요

나는 내 갈 길만 찾는데
당신은 오늘도 나만 찾고 계시나요

"이에 일어나서 아버지께로 돌아가니라 아직도 거리가 먼
데 아버지가 그를 보고 측은히 여겨 달려가 목을 안고 입
을 맞추니" (누가복음 15장 20절).

동료 교수는 내 시를 읽고 어린아이의 글 같다고 했다. 아마 내 마음이 어린아이 같기 때문일 것이다. 어려운 시를 쓸 수 있는 능력도 없고, 시인으로서의 훈련도 부족하기 때문일지도 모르겠다. 그러나 나는 주님의 시인의 눈을 유지하는 것이 가장 중요한 기준으로 주님의 시를 쓰려고 노력한다.

그렇게 지내던 2011년 봄, KAIST의 학생들이 자살하는 사건이 일어났다. 학생들을 어떻게 도울 수 있을까 생각하며 '먼저 떠난 학우들에게' 위로의 말씀을 전하였고, 살아 있는 학우들에게 더 이상 자살하는 일이 벌어지지 않기 바라며 '사랑하는 제자들아'라는 글을 보냈다. 내가 시를 쓴 것은 아니었다. 위로의 편지를 쓴 것이었다. 이 위로를 위해 나를 시인으로 만드셨나 보다.

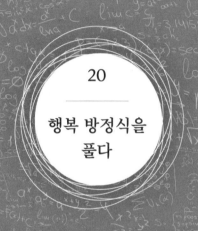

20

행복 방정식을
풀다

육십 년의 긴 여정에서 여러 가지 문제와 마주쳤고 이런
저런 답도 찾았으니 이제 정리해야 할 때가 되었다. 답을 다
찾지 못했지만 종이 울리니 멈추어야 할 때가 된 것이다. 학
생들과 다시 모여 앉을 시간이다. 북한산 실루엣이 아름다운
황혼의 시간이다. 교정을 거니니 산들바람이 뺨을 스쳐 온다.
학생들에게 무엇이라고 말할까?

행복 방정식의 열쇠가 무엇이냐고 물어보아야겠다.
생명 방정식의 열쇠가 무엇이냐고 물어보아야겠다.
인생의 열정을 얻는 방법이 무엇이냐고 물어보아야겠다.
진실한 사랑을 얻는 방법이 무엇이냐고 물어보아야겠다.
너의 데미안이 누구냐고 물어보아야겠다.
IQ를 높이는 방법이 무엇이냐고 물어보아야겠다.
무엇이 가장 중요한 것이냐고 물어보아야겠다.
생명의 근원되신 창조주를 만나 보았느냐고 물어보아야겠다.
영원한 생명의 소망을 얻었느냐고 물어보아야겠다.
너의 소명이 무엇이냐고 물어보아야겠다.
네 목숨보다 소중한 것을 발견했느냐고 물어보아야겠다.
과학과 신앙의 관계를 이해하였는지 물어보아야겠다.
확률과 믿음의 관계를 이해하였는지 물어보아야겠다.
누군가를 사랑하여 시를 쓰게 되었냐고 물어보아야겠다.

이제 마무리해야겠다.

"내가 발견한 해답이 도움이 된다면 잘 적용하고, 또한 후배들에게도 전해 주기 바랍니다. 그러나 여러분에게 주어진 숙제는 여기에서 끝나지 않아요. 내가 제기한 질문에 대해 여러분이 경험한 것이 무엇인지 정리해 보세요. 그리고 내가 경험하지 못한 새로운 사실을 발견하면 반드시 그 내용으로 새 책을 쓰는 저자가 되기 바랍니다.

답안은 평생 생각하면서 제출해도 되지만 청년 시절에 완성해서 그렇게 살면 좋겠어요. 아는 것만으로 끝나는 것이 아니라, 그렇게 살아야 하니까요. 여러분과의 대화가 오랜 세월 계속되기 바랍니다. 내가 떠나고 없는 먼 훗날에도. 그동안 삶을 함께해 주어서 고마웠어요. 남은 길을 잘 가세요. 여러분의 웃음소리를 듣고 싶어요. 사랑해요."

"여호와는 나의 목자시니 내게 부족함이 없으리로다

그가 나를 푸른 풀밭에 누이시며

쉴 만한 물가로 인도하시는도다

내 영혼을 소생시키시고 자기 이름을 위하여

의의 길로 인도하시는도다

내가 사망의 음침한 골짜기를 다닐지라도

해를 두려워하지 않을 것은

주께서 나와 함께 하심이라

주의 지팡이와 막대기가 나를 안위하시나이다

주께서 내 원수의 목전에서 내게 상을 차려 주시고

기름을 내 머리에 부으셨으니 내 잔이 넘치나이다

내 평생에 선하심과 인자하심이 반드시 나를 따르리니

내가 여호와의 집에 영원히 살리로다"

(시편 23편)